CHARLES CHINCHOLLE

LES MÉMOIRES
de Paris

Préface par ÉMILE ZOLA

PARIS

LIBRAIRIE MODERNE

7, RUE SAINT-BENOIT

1889

CHARLES CHINCHOLLE

LES MÉMOIRES

de Paris

OUVRAGES DOCUMENTAIRES

Les Survivants de la Commune (Épuisé).
Femmes et Rois.
Le Frère Irlide (Épuisé).

ROMANS

La Ceinture de Clotilde (3ᵉ édition).
Les Jours d'Absinthe (17ᵉ édition).
Le Vieux général (3ᵉ édition).
La Grande Prêtresse (8ᵉ édition).
Paula (8ᵉ édition).

THÉATRE

L'Oncle Mayottin (Folies-Dramatiques).
Oublier le Monde (Folies-Dramatiques).
Le Mari de Jeanne (Nouveautés).
La Corde de pendu (Nouveautés).
Etc., etc., etc.

CHARLES CHINCHOLLE

LES MÉMOIRES

de Paris

PRÉFACE

PAR

ÉMILE ZOLA

PARIS

LIBRAIRIE MODERNE

7, RUE SAINT-BENOIT, 7

1889

A MONSIEUR

FRANCIS MAGNARD

———

Mon cher Rédacteur en chef, — d'hier et de toujours,

J'ai le devoir de mettre votre nom en tête des Mémoires de Paris.

Si, comme l'a pensé l'éditeur, cet ouvrage offre quelque intérêt, c'est à vous surtout qu'en revient tout le mérite. Ne se compose-t-il pas d'un certain nombre d'articles que vous avez bien voulu me demander ?

Or ceux d'entre les lecteurs qui goûtent le plus vos bulletins politiques vous connaissent insuffisamment ; ils ne se doutent point de la besogne formidable que vous accomplissez au Figaro. Je veux qu'ils sachent que c'est vous qui, chaque jour, avec une perspicacité étonnante, indiquez à vos collaborateurs les sujets dont le public semble attendre le développement.

Ils sont, la plupart du temps, si intéressants que je n'ai eu qu'à apporter, à ceux qu'on retrouvera ici, les modifications nécessitées par le temps écoulé depuis leur apparition pour former un volume où vit vraiment Paris, — Paris, le grand lettré, le grand artiste, le grand criminel, le grand ruiné, le grand charitable quand même.

Agréez, mon cher Rédacteur en chef, avec tous mes remerciements, l'expression de mes meilleurs sentiments.

CHARLES CHINCHOLLE.

Avril 1889.

PRÉFACE

Mon cher confrère,

Il est très vrai que, il y a longtemps déjà, je vous ai promis une préface. Je veux donc tenir ma parole. Mais le pis est que, votre livre s'attardant, je me suis laissé aller à dire ce que je pensais du reportage, en tête de deux autres livres, récemment parus ; et me voilà forcé de me répéter, à moins d'insister ici sur les côtés fâcheux de l'information à outrance, après en avoir dégagé ailleurs l'intérêt social et littéraire.

De plus en plus, nous sommes accablés sous le monceau de papier noirci qui croule chaque matin. Où s'en vont donc tous les vieux journaux ? Cela est terrible à penser, ces millions de numéros qui disparaissent, inutiles, vieillis en deux heures, pas même bons à envelopper de la chandelle, tant le papier est mauvais. Je me souviens de mon grand-père, de quelle façon lente et convaincue il s'installait dans son fauteuil pour lire son journal : il y mettait bien trois ou quatre heures; pas une ligne n'était passée, tout défilait, depuis le titre jusqu'à la signature du gérant; ensuite, il le pliait soigneusement, le rangeait à sa date, sur une planche; car il gardait la collection, j'ai vu pendant vingt ans un cabinet noir s'emplir de cette collection, sans que jamais on y allât reprendre un numéro. Aucun autre journal n'entrait chez mon grand-père, un seul journal existait pour lui, le sien. Aujourd'hui, que les choses sont changées! On ouvre un journal, on le parcourt, on le jette. Je doute qu'il existe des gens encore assez naïfs pour s'encombrer d'une collection, tout le monde sachant que les faits n'ont que l'intérêt de l'heure présente. Et ce n'est plus un journal, c'est quatre, c'est cinq, davantage les matins de crise, qu'on achète et qu'on froisse, lorsqu'on a lu les vingt lignes intéressantes. Tout cela va au ruisseau, les rues charrient du papier piétiné, maculé par nos fièvres du jour.

Aussi, le cri de tout homme qui peut s'échapper de Paris pour un repos de quelques semaines est-il celui-ci : « Enfin, je ne lirai donc plus de journaux ! » Oh! ne rien savoir, c'est la volupté, c'est le paradis, après nos débauches de renseignements! Se lever chaque matin dans quelque coin perdu, les oreilles calmes, en pleine ignorance de ce qu'ont pu dire et faire, la veille, les éternels pantins de la politique, et se coucher chaque soir sans être au courant des sottises de la journée, il y a là un véritable bain de fraîcheur, une sensation de pleine santé. Jamais on ne comprend mieux le danger de la fièvre qui nous emporte tous, dans cette curiosité passionnée que décuple la presse contemporaine. Je sais bien qu'au bout de deux ou trois jours on est las de silence; on devient inquiet, on court à la gare acheter les journaux. Mais cela est une simple preuve de la profondeur du mal. Le virus de l'information à outrance nous a pénétrés jusqu'aux os, et nous sommes comme ces alcooliques qui dépérissent dès qu'on leur supprime le poison qui les tue. Il serait si bon de ne pas porter dans le crâne tout le tapage du siècle, la tête d'un

homme aujourd'hui est si lourde de l'amas ef-
froyable des choses que le journalisme y dépose
pêle-mêle, quotidiennement! Dans les champs, on
se prend à envier l'ignorant qui passe, le paysan
ankylosé par le travail, aux yeux vides de vieille
bête de somme.

C'est l'antique querelle de l'ignorance et de la
science. Il y a une virilité, un élargissement à
savoir toujours davantage; notre théorie moderne
du citoyen connaissant ses droits, se gouver-
nant lui-même, est certes d'une haute dignité
humaine. Mais, au point de vue du bonheur, le
résultat me paraît au moins douteux. Je m'imagine que les nerfs de la France étaient plus calmes,
que l'équilibre de sa santé avait une stabilité plus
grande, lorsqu'elle s'analysait elle-même avec
moins de fièvre, et que, chaque matin, des centaines de journaux ne lui apportaient pas un bul-
tin détaillé, souvent grossi, de ses moindres ma-
laises. Dans ce qu'on a appelé la névrose du siècle,
dans cette surexcitation croissante qui transforme
et détraque la nation, il est certain que le journalisme actuel joue le principal rôle. N'est-ce pas lui
qui exaspère et qui propage les secousses? Aussi,

tout gouvernement autoritaire commence-t-il par
museler la presse, car il n'y a pas de meilleur
moyen pour calmer les esprits : aussitôt les têtes
se refroidissent, les ventres engraissent, une période de prospérité matérielle se déclare. C'est la
nation mise au vert, ne pensant plus, broutant
l'herbe. Je ne fais point de politique, je ne dis
point que cette nuit grasse ne puisse être suivie
de quelque terrible réveil. La vérité n'en est pas
moins que la bête humaine, elle aussi, paraît avoir
besoin de ces sommeils à plein ventre dans la
fraîcheur des prés, de ces heures de pure vie
animale où l'on goûte l'unique joie de vivre.
Voyez où nous en sommes, après dix-huit ans de
tribune et de presse libres : quel dégoût de la
politique, quelle fatigue à nous gouverner nous-
mêmes, quel énervement à connaître et à voir
s'aggraver notre mal, minute par minute! Si nos
Assemblées sont impopulaires, c'est qu'on nous
occupe trop d'elles, c'est qu'elles font un bruit trop
grand pour une trop petite besogne; et si, demain, nous nous jetions aux bras d'un maître, ce
serait uniquement par une envie ardente de nous
coucher, de souffler la chandelle, de dormir enfin

tout notre soûl, dans le profond silence de la rue.

La fièvre de l'information à outrance a donc ce côté mauvais de surexciter le public, de le tenir secoué par l'événement du jour, inquiet de l'événement du lendemain. Les faits prennent dès lors une importance disproportionnée, on vit dans une tension continuelle. C'est, je le disais plus haut, le malade mis heure par heure au courant de sa maladie, écoutant battre son pouls, assistant à la désorganisation de sa machine : il s'exagère les accidents, il meurt de la fièvre qu'il se donne. Tout grand facteur social a ainsi son danger, la part du sang qu'il sème sur la route ; car, il ne faut pas s'y tromper, la presse est en train de refaire les nations, elle repétrit le monde. Où nous mène-t-elle ? Qui saurait le dire ? A plus d'instruction sans doute, à plus d'unité aussi. Aujourd'hui, il semble que commencer à savoir est une chose fâcheuse, simplement bonne à troubler les nuits ; demain, quand on saura davantage, peut-être en tirera-t-on du bonheur. Et puis, quoi ? l'évolution nous emporte, l'histoire parfois jette des générations dans le fossé pour que l'humanité passe.

Ce qu'il faut dire aussi, dans cette course folle à l'information, cette rage que les journaux ont de se devancer l'un l'autre, c'est que la besogne ne vaut que par l'ouvrier. Que de bêtises et de mensonges lancés à la pelle dans la circulation ! Qu'importent la logique et la vérité, pourvu que le numéro du matin ait sa nouvelle à sensation ! Les reporters contrôlent à peine, sont les derniers à croire ce qu'ils écrivent. Ils se moquent du blanc et du noir, leur unique souci est d'apporter leur copie et de toucher leur mois. C'est cette indifférence qui gâte la besogne, peu d'entre eux aiment leur métier ; et de là, viennent sûrement la banalité et la confusion dont la presse déborde. On sent des employés pressés de quitter le bureau, bâclant le travail, n'y mettant rien de leur tendresse ni de leur foi.

Vous, mon cher confrère, vous êtes un croyant. J'ai lu votre livre, et il respire tout au moins la conscience, l'amour du document que vous allez chercher, le désir de le transcrire avec la sensation même qu'il a produite en vous. Il y a là beaucoup de naïveté, et c'est un grand éloge que je vous fais, car je ne prise rien tant que la vérité des faits naïvement rendue. Si parfois l'on vous plaisante, cela vient de ce que vous vous donnez tout entier, en écrivain de bonne foi. Soyez-en très fier : n'a pas qui veut cette originalité d'être quelqu'un, dans cette besogne modeste du reportage. Un convaincu, un greffier qui s'échauffe, qui croit à ses procès-verbaux, cela détonne au milieu de la foule des simples bâcleurs de faits-divers. Aussi votre livre a-t-il son âme propre : il a beau aller de Mme Séverine à Gegout, en passant par Mme Limouzin et le père Monsabré, on le sent l'œuvre du même obser·vateur, vivant les faits auxquels il se mêle, trop facile peut-être à la conviction, mais en tirant une grande solidité d'ensemble. Et je retrouve également là le romancier qui est en vous, le romancier trop ignoré des *Jours d'Absinthe*, où vous avez entassé avec conscience des documents très exacts et très précieux. Il n'y manque, pour me plaire, que la construction artiste et un style plus cherché. Je ne vous dirai pas que j'aime vos romans, vous savez quels points nous séparent ; mais, en vérité, je les estime comme des travaux d'un effort véritable et d'une grande honnêteté.

Ils sont faits sur la vie, dans la formule que j'ai toujours demandée, et je me croirais illogique si je ne vous en félicitais pas.

Voilà encore une preuve de la parenté qui existe aujourd'hui entre le reportage et le roman. En tout cas, vous êtes un des greffiers de la vie parisienne qui honorent le plus la presse, par le zèle, je dirai la passion que vous apportez dans vos études. Laissez rire ceux qui vous raillent de croire que « c'est arrivé ». Les convaincus mènent le monde.

ÉMILE ZOLA.

LES
MÉMOIRES DE PARIS

I

Séverine

Au commencement de juin 1886, un nouvel ouvrage s'ajoutait à tous ceux qui, à la devanture des libraires, sollicitent quotidiennement l'attention publique. Ce livre s'appelait l'*Insurgé*. Il était signé Jules Vallès.

Or, des fragments de l'*Insurgé*, séparés par des lignes de points, avaient déjà paru en août 1882, c'est-à-dire du vivant de l'auteur, dans la *Nouvelle Revue*. Seulement le livre, mis en vente, était parachevé; les lignes de points étaient remplacées par du texte. C'était notoirement l'élève de Vallès, la citoyenne Séverine, qui avait accompli ce travail.

Il est intéressant de savoir comment est née cette collaboration et d'en suivre le développement, les péripéties. Dans ce cas-là, il n'y a rien de mieux que de s'adresser aux personnes en cause. Si communard qu'ait été Vallès, c'était un littérateur. Son œuvre posthume mérite qu'on s'en occupe. Malgré les opinions qui me séparent de la citoyenne Séverine, j'ai pris le courage d'aller l'interroger au *Cri du Peuple*, qu'elle dirigeait alors.

— Mme Reine va vous recevoir, me dit le secrétaire du journal.

Mme Reine? Était-ce par antiphrase que la jeune socialiste était ainsi appelée dans son domaine? Nullement. J'entendais *Mme Reine*, mais le nom que Séverine avait porté longtemps et qu'on lui donnait encore par habitude, s'écrit *Rehn*.

C'est l'histoire de toute une vie, presque une confession que j'ai recueillie durant les cinq heures qu'a duré l'entrevue. Il serait trop long de procéder par questions et réponses. Aussi bien je me demande comment je parviendrai, même en hachures rapides, à résumer les explications de la citoyenne.

En 1880, elle était avec sa famille, à Bruxelles, quand l'ancien ami de Victorien Sardou, le docteur Semerie, lui présenta Vallès. Tout de suite elle se mit à admirer, presque furieusement, ce sauvage bourru, si pittoresque dans sa haine contre la société. Elle lut ardemment ses ouvrages, où il se retrouve tout entier, et qui sont faits, d'ailleurs, avec des morceaux de sa vie. Il avait déjà publié l'*Enfant,* mais ce livre n'était pour lui que la première partie d'une trilogie qu'il rêvait déjà d'achever par le *Bachelier* et l'*Insurgé*. D'après lui, en effet, l'éducation et le baccalauréat ne pouvaient mener qu'à la révolte.

Après un court voyage fait de compagnie en Angleterre, on se revit en France. Vallès, alors, habitait à Maisons-Laffitte, Séverine à Neuilly, dans sa famille, une famille austère, au milieu de laquelle son cerveau, développé de bonne heure, se trouvait à l'étroit. Vallès, la voyant s'ennuyer et ayant lu de ses lettres, lui donna le conseil d'écrire.

— Vous m'apprendrez ?

— Ce sera facile.

Pourtant il avait alors un secrétaire, M. L. P. Eh bien, il en aurait deux ! Oh ! la jalousie de Séverine contre ce premier secrétaire qui feuilletait les papiers du « maître », qui touchait à ses plumes, à ses crayons! A la fin, elle régna seule. Outre qu'elle travaillait plus que l'autre, elle tenait les comptes de la maison, elle faisait pour Vallès les petits plats qu'il aimait. Chaque matin, elle se rendait de Neuilly à Maisons-Laffitte qu'elle ne quittait que par le dernier train. Mais, un jour, grande douleur. On lui interdit absolument d'aller auprès de son dieu. Elle acheta un revolver et crut mettre le canon contre son cœur. Le coup partit. Elle resta six semaines au lit. On voit, paraît-il, la cicatrice au-dessus du sein gauche. Elle jura de recommencer si on ne la laissait retourner à Maisons. Il fallut céder.

Elle put écrire de nouveau sous l'inspiration de Vallès, qui commençait à ressentir les premières atteintes du mal dont il est mort. De temps en temps, il traçait fiévreusement, à la hâte, dix lignes sur le papier. Elle lui en rendait deux cents, tâchant d'imiter sa forme et devenant tellement lui-même qu'on s'y est longtemps mépris. Ce n'est un mystère pour aucun de nous que les articles publiés sous la signature de Jules Vallès, dans les trois derniers journaux où il a écrit, sont dus à sa collaboratrice.

Pendant que Séverine me racontait ces choses, j'examinais ses traits. Elle met dans ses discours une telle animation que quand elle parle, tout son visage joue. Est-elle belle? Elle est mieux que jolie. L'intelligence et l'enthousiasme pétillent dans ses yeux bleus, sous ses cheveux châtains, abondants, coiffés à la chien. Le nez est volontaire. Les dents sont toutes blanches sous des lèvres voluptueuses, roses comme des fraises.

Par traité, Vallès était forcé de livrer vite l'*Insurgé*. Elle se hâta de le faire avec lui, remplaçant par des lignes de points les passages qui pouvaient attendre. Mme Adam s'était engagée à payer dix mille francs le manuscrit. Vallès trouvait même — il me l'a avoué une fois — que ce prix n'était pas suffisamment rémunérateur.

— Vous compléterez plus tard, disait-il à son élève. Là vous mettrez ceci. Ici vous mettrez cela.

Avant de mourir, il reconnut publiquement cette collaboration et invita Séverine à acheter à sa vente les droits que rapporterait le volume.

Elle m'a montré les épreuves, toutes raturées par elle. Leur seule correction constituerait une part importante dans le travail. Chaque ligne est modifiée. La recherche du mot à la

Vallès est constant. Là où il y a : *crever d'un dernier coup*, Séverine trace : *d'un dernier gnon.* Ici il y avait : *En bas la déroute;* elle écrit : *En bas la galopade de la défaite.* Le mot *barricade* est remplacé par ceux-ci : *estrade de pavés.* Sur une épreuve, après ces mots : « L'un d'eux n'a pas plus de vingt ans » il y avait : *blond avec de grands yeux doux.* Ce dernier membre de phrase devient : *les cheveux couleur de blé, les prunelles couleur de bluet.* Et toujours, toujours des ratures. Séverine a mis quatre mois, à raison de quatre heures par nuit, à corriger les épreuves. Je ne citerai que deux passages qui sont absolument d'elle. Ne croirait-on pas lire du Vallès? D'abord la préface inédite :

« AUX MORTS DE 1871 »

« A tous ceux qui, victimes de l'injustice sociale, prirent les armes contre un monde mal fait et formèrent, sous le drapeau de la Commune, la grande fédération des douleurs,
« Je dédie ce livre.

« JULES VALLÈS. »

Et ce morceau de chapitre, qui n'était pas dans la *Nouvelle Revue* :
« Voilà des semaines que j'attends, du fond

de mon trou, une occasion de leur filer entre
les doigts.

« Leur échapperai-je?... Je ne crois pas.

« Par deux fois, je me suis trahi. Des voisins
ont pu voir sortir ma tête, blême comme celle
d'un noyé.

« Tant pis! Si l'on me prend, on me pren-
dra!

« Je suis en paix avec moi-même.

« Je sais, maintenant, à force d'y avoir pensé
dans le silence, l'œil fixé à l'horizon sur le
poteau de Satory, — notre crucifix à nous, —
je sais que les fureurs des foules sont crimes
d'honnêtes gens, et je ne suis plus inquiet pour
ma mémoire enfumée et encaillotée de sang.

« Elle sera lavée par le temps, et mon nom
restera affiché dans l'atelier des guerres sociales comme celui d'un ouvrier qui ne fut pas
fainéant.

« Mes rancunes sont mortes, — j'ai eu mon
jour.

« Bien d'autres enfants ont été battus comme
moi, bien d'autres bacheliers ont eu faim, qui
sont arrivés au cimetière sans avoir leur jeunesse vengée... »

Je voudrais vous lire cela avec la voix que
prend Séverine dès qu'elle lit *du Vallès*. C'est
chaud, sonore, triste. Par instants, on croirait

entendre Sarah Bernhardt jouant un rôle d'homme.

Je pourrais donner bien d'autres détails. J'aurais plaisir à faire entrer les lecteurs, les lectrices surtout, dans une existence intéressante comme le plus dramatique des romans. Je crois devoir m'abstenir.

Il me suffira de dire que, comme tant de femmes, Séverine se plaint d'avoir longtemps été condamnée à vivre dans un milieu ne cadrant pas avec sa nature. Cette collaboratrice de l'*Insurgé* est, elle aussi, une insurgée.

On sait que, depuis la mort de Vallès, elle s'est mariée. Elle ne l'a fait, dit-elle, que pour obéir à son maître qui voulait qu'il fût ainsi prouvé qu'elle n'avait jamais été que son élève.

Elle me prie seulement d'insister sur un point.

— Affirmez bien ceci : je n'ai consenti à me marier que sous le régime de la séparation de biens. J'ai voulu que mon mari, pourtant réputé riche, ne me reconnût, de son côté, nul avoir.

Chez elle ou aux manifestations du parti, en voiture ou au théâtre, on voit toujours la poétique Séverine avec des fleurs.

« C'est ainsi que je mourrai sur une barricade,

me dit-elle. Des roses au corsage et au chapeau, un bouquet à la main. »

On fera, quand on voudra, un superbe type de roman avec l'indépendante élève de Vallès, *l'Hirondelle rouge,* comme on l'appelée. Son ancien collaborateur, M. Jules Guesde, a même fourni le titre, qui est, à lui seul, une biographie : *Notre-Dame de Germinal.*

Si gentille qu'elle ait toujours été envers ses rédacteurs, il y a eu pourtant certaines heures où Séverine a eu maille à partir avec eux.

On se rappelle le vol étrange qui a été commis en 1886 par l'anarchiste Duval, dans la plaine Monceaux.

Cette affaire a eu un singulier épilogue. Elle a occasionné une révolution, que dis-je ! deux révolutions dans le *Cri du Peuple.*

Le 29 janvier 1887, cette feuille paraissait ayant, comme d'habitude, sous son titre, ces trois mots imprimés en gros caractères : « Fondateur : Jules Vallès. »

En tête était un article dans lequel Séverine désapprouvait la théorie du vol basé sur la politique, mais déclarait que *les socialistes seuls* n'avaient pas le droit de condamner Duval.

Le lendemain, le même journal n'avait plus sous son titre que l'adresse des bureaux.

En tête était un article dans lequel M. Jules Guesde reprochait carrément à sa rédactrice en chef son excès de générosité et désapprouvait, sans la moindre atténuation, le vol politique.

Sous la signature était ce filet :

« Voici bientôt deux ans que je me suis attelée à une tâche très lourde et parfois même douloureuse. J'ai accompli, je crois, mon devoir, et défendu comme il le fallait la cause des pauvres gens.

« Aujourd'hui, je me sens vraiment lasse, et demande quelques semaines de vacances aux camarades du faubourg.

« J'emporte avec moi le nom de Vallès, comme les anciens, même pour une courte absence, emportaient leurs pénates, comme les orthodoxes de Russie emportent l'image sacrée. J'ai pris la garde de sa mémoire et ne me reconnais le droit de la confier à personne.

« Séverine. »

C'était, sans phrases, la démission de la rédactrice en chef. Ainsi se trouvait suffisamment expliqué le remplacement du nom de Vallès par une simple adresse. La première révolution était accomplie.

Jusqu'à la soirée de dimanche, les choses restèrent en l'état. Séverine, qui toujours avait voulu

que son journal fût une maison libre, ouverte
à toutes les opinions, les plus douces comme
les plus exagérées, était fatiguée de lutter contre les sollicitations, les récriminations de ses
collaborateurs, moins éclectiques qu'elle. Elle
se retirait sous sa tente, résolue à se reposer
d'abord, puis à réaliser le rêve toujours caressé :
écrire pour le théâtre, mettre à la scène ses
théories humanitaires.

Mais on sait qu'avec les femmes il faut s'attendre à tout. Leur dernier mot n'est jamais dit.

A huit heures, éclatait la seconde révolution.
La rédaction du *Cri du Peuple*, sommée par
le véritable propriétaire de cette feuille, de se
prêter désormais à l'éclectisme le plus large, dé-
missionnait en masse. Mme Séverine restait non
seulement rédactrice en chef, mais encore seule
rédactrice de son journal.

Elle eut pourtant le bon goût de ne pas dire :
« Moi seule et c'est assez. » En quelques minutes, elle forma une nouvelle rédaction composée
de MM. Félix Pyat, dont les opinions sont suffisamment connues ; John Labusquière et Victor
Marouck, possibilistes ; Henri Brissac, indépen-
dant.

Un seul des anciens rédacteurs, qui ne se
trouvait point là à l'heure de la démission en
masse, Trublot, consulté sur ses intentions, écri-

vit : « Je suis entré au journal sous Vallès. On me dit que Séverine reste. Or, Séverine, c'est Vallès. Je reste. »

Le *Cri du Peuple* reparut donc, le jour suivant, avec le nom de son fondateur sous son titre.

Afin qu'il fût bien prouvé que Séverine entendait lui rendre son indépendance la plus absolue, elle y mit en première page une lettre qu'elle considère comme son catéchisme politique.

Cette lettre a été écrite, le 11 avril 1884, par Vallès même, au secrétaire de la rédaction.

Bien que *composée*, elle ne parut point parce qu'elle visait le principal rédacteur, M. Jules Guesde.

En la publiant, le 31 janvier 1887, Séverine a voulu surtout démontrer combien elle a eu à lutter dans son propre journal.

Ce document mérite d'être conservé. Le voici :

« Mon cher Massard,

« Les camarades se fâchent, et ils ont raison.

« Voici plusieurs fois que passent, dans le *Cri du Peuple,* des notes envoyées par des gens de mauvaise ou de bonne foi, des ambitieux ou des convaincus, qui jettent le journal dans un double péril.

. . . .

« Je ne veux pas qu'il paraisse l'organe d'une secte, parce que nous avons pour collaborateur un sectaire éloquent et convaincu, à qui est accordé toute liberté de parole, mais sans que ses polémiques nous engagent et sans que ses théories soient les nôtres.

« Depuis longtemps déjà, il m'était adressé des réfutations que j'ai cru devoir laisser dans l'ombre, parce qu'elles rôdaient sur le champ étroit des personnalités. Mais si j'ai cru bon de garder le silence sur ces débats privés, la situation est autre aujourd'hui que le débat devient public.

. . . .

« Je vais répondre une fois pour toutes.

« Le *Cri du Peuple* est une tribune ouverte et non une chapelle fermée. Tous les révolutionnaires ont chez nous droit d'asile et place au combat. Mais je veux qu'entre tous les partis socialistes nous tenions la balance égale : indifférents aux querelles des groupes, hostiles à leurs rancunes, compagnons de tous ceux qui sont pour la marche en avant.

« C'est moi qui ai dit que j'avais suivi et suivrais toujours le Peuple, mais « sans numéro de régiment à mon képi ». Quand on a écrit cela et qu'on a gardé son journal libre, même en face de la Commune, on n'admet pas que le

Peuple puisse vous croire à la remorque d'une école.

« Cela n'est pas et ne sera pas : mais personne ne doit s'y tromper. Donc, citoyen Massard, veillez au grain ! Il ne faut pas plus être le prisonnier de ses amis que celui de ses ennemis.

« Là-dessus poignée de main, et *dites à Guesde qu'il a la parole pour répondre.*

« JULES VALLÈS. »

Après cette lettre, Séverine déclarait que la maison était toujours ouverte à trois de ses collaborateurs qu'elle regrettait : MM. Duc-Quercy, Goullé et Fournière.

MM. Jules Guesde, Massard, Deville, Gegout, etc., répliquèrent en créant une feuille rivale, *la Voie du Peuple,* qui paraissait le surlendemain. Il sied vraiment bien aux républicains de railler parfois les divisions du parti conservateur.

La Voie du Peuple ne mena pas loin. Quelques numéros, et elle ne parut plus.

Séverine, d'ailleurs, fit toujours semblant d'ignorer ce journal.

Un an encore, elle resta cantonnée dans celui de Vallès.

Le dimanche 17 février 1888, j'allai au Père-Lachaise rien que pour la voir.

Il faisait froid. Il neigeait.

On pourrait croire qu'il est pénible de passer en pareil temps une heure au Père-Lachaise. On se tromperait fort ! Oui, le sol était boueux ; oui, la neige qui fondait dans le cou était glaciale. Mais quel tableau !

Regardez. Tout le cimetière semble avoir fait toilette. Les monuments sont en argent. Les arbres sont des pommiers en fleur. L'air chargé de neige cache absolument Paris, et l'on se trouve perdu sur quelque montagne lointaine.

A l'occasion de l'anniversaire de la mort de Jules Vallès, Mme Séverine avait invité ses amis à se rendre à trois heures sur la tombe élevée par elle, une tombe de granit, dont le principal ornement est une paire de sabots en bronze.

Pour la circonstance, elle avait publié dans son journal le testament de son ami, finissant par ces mots : « Je ne veux pas qu'on bavarde sur ma tombe. »

Au-dessous, on lisait : « Par respect de cette volonté, il ne sera prononcé aucun discours, au nom du *Cri du Peuple,* sur la tombe de son fondateur. »

La citation pouvait ne point paraître adroite, car ce testament, rédigé le 2 avril 1869, Mme Séverine le connaissait certainement longtemps avant la mort. Alors pourquoi tout à coup imposer le silence après avoir autorisé, le jour des obsèques et l'année précédente encore, des dizaines de discours ? Mme Séverine, me dit-on, a permis de parler quand elle croyait à l'efficacité des discours. Elle eût voulu, ce jour-là, le silence, parce qu'elle était fatiguée d'entendre les gens absolument décidés à rentrer chez eux crier : « Marchons, courons ! » et proposer l'extinction de tous les bourgeois quand ils n'eussent pas tué un gardien de la paix.

Telle est du moins l'explication qui m'a été fournie par ses amis. Ils se trompaient.

La vérité, apprise le lendemain seulement, est que Mme Séverine n'a eu connaissance du testament de Jules Vallès que le 4 février 1888. Il est, paraît-il, d'usage que les testaments maçonniques soient brûlés immédiatement après les épreuves, et ce n'est que par suite d'une erreur de cérémonial que celui de Vallès a été épargné. Retrouvé, une quinzaine de jours avant la cerémonie dont il s'agit, il a été porté à Mme Séverine qui est résolue à le faire respecter désormais.

Néanmoins on n'est pas toujours maître des

manifestants. Les frères et amis, bien que ne semblant pas préparés à l'action, n'aiment point le silence. A deux heures et demie, ils étaient déjà en assez grand nombre autour de la tombe.

— Alors, on ne parlera pas? se demandaient-ils.

— Qu'est-ce qui a dit cela? Vallès n'appartient pas à Séverine. Elle a le droit de ne pas faire parler en son nom, mais nous avons le droit de rappeler ce qu'il a fait pour la cause. La cause avant tout.

Pendant ce temps, je regardais la tombe dont les fleurs avaient été renouvelées le matin. Le monument disparaissait sous un amas d'immortelles et de camélias rouges encadrés de mimosas. La neige avait pour ainsi dire poudré chaque fleur. C'était exquis, délicieux. Aucun tableau n'a jamais présenté de couleurs plus fondues. Vient un imbécile qui, croyant rendre hommage au mort, essuie tout cela. Heureusement la neige continue à tomber et recommence à peindre.

— Ah! voilà Moore!

C'est en effet le célèbre cocher-poète qui, avec la délicatesse d'un sanglier, fend la foule. Il arrive devant le monument.

— Dis donc, Moore, puisque tu n'es pas

2

encore enterré, toi, au moins, tu nous diras quelque chose ?

— Si c'est permis.

Mais, plus loin, les anarchistes se concertent. C'est à eux de prononcer les premières paroles. Un compagnon se détache du groupe. Il ôte son chapeau mou, et revendique pour son parti celui qui, le premier, a fait entendre des cris de révolte, celui qui a célébré la rue, qui n'a jamais écrit que pour les travailleurs.

« — Il a montré la voie. Nous la suivrons. « Vive l'anarchie ! »

Le compagnon Leboucher est là. On voudrait qu'il parlât. Il hésite, mais Moore est déjà en train d'ouvrir un papier.

— Citoyens, dit-il, moi, vous savez, ce que je fais, ça ressemble à des vers. Je vas vous en réciter que j'ai composés avec le fils du citoyen Gaillard et qui sont dédiés à Vallès. Cela s'appelle « l'Humanité ! »

D'une voix tonitruante, il lit. On applaudit. Chaque strophe se termine par ces mots : « l'Humanité. »

— Dis donc, mon vieux, lui dit quelqu'un, je m'imagine que tu abuses un peu de l'humanité.

— Chacun a sa façon. Moi, je mets toujours mon titre à la fin de chaque strophe. C'est mon genre.

La scène manque absolument de solennité.

Un autre citoyen se présente. Celui-ci est un Auvergnat, un délégué du pays où est né Vallès. Il vient affirmer que l'Auvergne et même tous les départements sont prêts à marcher avec Paris. Je veux bien le croire.

Mais voilà Moore qui s'apprête à recommencer.

Il se tait en voyant approcher Séverine, suivie de tous ses collaborateurs. Devant elle est portée une très belle couronne, hommage du *Cri du Peuple*. La citoyenne se contente de placer la couronne sur la tombe. Un moment elle se recueille, puis fait un signe. Un de ceux qui l'ont accompagnée, le citoyen Victor Marouck, s'avance :

« Citoyens, dit-il, fidèles à l'ordre de Jules Vallès, nous avons résolu de ne prononcer aucun discours sur sa tombe. Je suis seulement chargé d'affirmer ici, une fois de plus, que le journal restera le défenseur des pauvres, auxquels Vallès avait voué sa vie, et le soldat énergique des idées de justice. Nous déposons fraternellement notre couronne et nous nous retirons, mais ceux qui ont à parler sont libres de le faire. »

Et Séverine se retire. Les anarchistes se regardent. Ils ne sont pas contents. On ne dérange pas les gens pour si peu.

— Au mur! crie une voix menaçante.

— Oui, au mur!

Et tous de se diriger vers les tombes des fédérés. Il faut, pour s'y rendre, traverser une plaine que, depuis quelques jours, aucun pied n'a foulée.

Une neige épaisse la recouvre.

Devant ce blanc, les rouges reculent... Ce n'est point le long du « mur », c'est dans une salle, voisine du cimetière, qu'ils expectoreront leurs rengaines.

Je les laisse partir. J'aime mieux regarder la belle neige...

Et, aujourd'hui, le *Cri du Peuple* n'est plus. Je veux dire qu'il n'est plus ce qu'il était.

Mme Séverine l'a quitté, toute fatiguée d'avoir vainement essayé d'y unir les différentes fractions du parti républicain. Les fractions se sont querellées. On est bien plus mal entre cousins, surtout politiques, qu'entre étrangers.

En tête du *Cri du Peuple,* portant la date du 29 août 1888, est un touchant article qui se termine par ces mots éloquents :

« Et maintenant adieu, chère maison qui fut mienne.

« J'avais rêvé d'en faire le bon gîte du socialisme, de voir trinquer à la même table Guesde et Brousse, Vaillant et Kropothine.

« Au lieu de cela, je n'ai eu que des hôtes de passage qui, sitôt la dernière bouchée avalée, le dernier verre de vin bu, partaient en montrant le poing et en maugréant une injure, — quelques-uns brisant de loin les vitres à coups de cailloux.

« J'en ai eu tant de ces mauvais payeurs, qu'à l'heure présente c'est moi qui m'en vais, en dépit des efforts de ceux qui, depuis quatre mois, m'ont été des alliés fidèles, et ont mis leur jeunesse, leur dévouement et leur abnégation au service d'une cause perdue.

« Qu'importe? La maison est toujours solide; il n'y manquait que de « l'avance » et des provisions. Ceux qui viennent ont tout cela, et, par-dessus le marché, la poigne robuste qui mettra les méchants gas à la raison. Bonne chance, mes successeurs!

« Un dernier regard en arrière, une dernière étreinte aux amis — et adieu!

« Mais mon bagage est plié dans un mouchoir rouge. Quand je voudrai que l'on sache où je suis, je casserai une branche sur la route et je le mettrai au bout..... les amis me suivront des yeux.

« Séverine. »

L'hirondelle rouge n'avait pas fait jeter moins de quatre cent mille francs dans le *Cri du Peuple.*

Séverine, depuis sa retraite, n'a pas encore eu l'occasion d'arborer son mouchoir rouge.

A l'heure qu'il est, le *Cri du Peuple* appartient exclusivement aux blanquistes, et son ancienne rédactrice en chef, enfin écœurée de la politique, s'appelle Jacqueline dans le *Gil Blas* et Renée dans le *Gaulois...*

Jacqueline, et surtout Renée, ont peut-être plus de talent encore que Séverine,

II

Les dessins d'Alfred de Musset

Pour une révélation, je crois que celle qui éclata inopinément, en octobre 1881, en était une.

Il n'est pas un vers de Musset qui ne soit dans la mémoire de quelqu'un, mais on ne le connaissait que comme poète et auteur dramatique. Il aurait eu en 1881 soixante et onze ans, et jamais on n'avait parlé de lui comme artiste.

Voilà que tout à coup le *Figaro* annonça que la belle-sœur d'Alfred, la veuve de Paul de Musset, aujourd'hui décédée, allait mettre en vente... des dessins du poète !

La vérité est qu'à l'âge où chacun cherche sa voie Alfred de Musset rêvait d'être peintre. Il a aimé et chanté Ninon. Son succès, en tant que poète, l'a fait renoncer à ses projets ; mais, tout en abandonnant la peinture comme métier, il a continué, dès qu'il avait en main un crayon, soit à portraicturer ceux qui se trouvaient devant lui, soit à tracer de petites scènes de genre.

Beaucoup de ses dessins ont été conservés ou par lui ou par ceux à qui il les offrait. Il m'a été permis d'en voir un grand nombre. Je ne prétends pas avoir feuilleté le portefeuille d'Ingres ou de Delacroix. Il est évident toutefois que si Musset eût persisté dans son désir de se livrer à la peinture, il n'eût pas été parmi les derniers de nos artistes.

Chose bizarre, c'est dans la charge que ce poète de si bon goût excellait! Il était même si cruel dans la caricature que certains de ses dessins ont été détruits par les intéressés, peu satisfaits de se voir si diaboliquement pris sur le vif.

L'étrange aussi l'attirait, comme il attirait l'autre poète-dessinateur, celui dont les cartons recouvraient en 1888 tous les murs d'un des salons de Georges Petit, — Victor Hugo!

Les chroniqueurs judiciaires, qui se plaisent parfois à exhumer les causes dramatiques, raconteront peut-être un jour l'histoire de Louise Bouvier, cette maîtresse d'assassin qui, vers 1830, fut condamnée à la prison pendant que son amant était envoyé à l'échafaud. Elle fut transportée à Clermont. La maison centrale avait alors pour directrice une cousine d'Alfred de Musset.

Le poète, qui allait souvent à Clermont, a fait le portrait demi-nature de la prisonnière. Louise Bouvier est en fichu; gros sabots; les deux mains dans les poches. Tenue crâne jusqu'à l'insolence. Jolie tête couverte d'un madras fermé par un large nœud. Sous des traits vraiment beaux, une expression des plus vicieuses. C'est évidemment ce contraste qui a tenté Musset.

Voici la caricature de don Ugenio. Lisez Devéria. Un nez qui n'en finit pas. Des yeux sortant de la tête, mais grande ressemblance sous une charge horrible.

Tout un album est des plus curieux. Il avait été emporté par le poète en Italie, dans le fameux voyage qu'il y fit, avec George Sand, en 1833.

Chaque page retrace un épisode du voyage. Celle qui rappelle l'arrivée à Gênes est bien amusante. Des employés de la douane examinent les bagages des deux amants. Le sujet n'est pas d'une poésie extrême, mais les poètes eux-mêmes sont des plus prosaïques à certaines heures. Donc l'un des employés a saisi la boîte qui contient l'instrument cher à M. Purgon. Il a l'air d'ignorer absolument ce que George Sand peut en faire. Il se demande si ce n'est pas un flacon à parfum. Il n'insiste point... Dans un coin, le poëte et sa maîtresse rient beaucoup de sa première méprise.

Plus loin, c'est la grande romancière dans sa modeste chambre d'hôtel. Sous le turban qui lui couvre la tête et derrière l'éventail qui lui cache la moitié de la figure, on ne voit guère que ses yeux très brillants. La main est des plus belles.

Dans le fond, Alfred, en robe de chambre, se dirige vers la toilette.

Ici une chasseresse très comique. Deux seins énormes, avec vastes appas contraires, dans un costume d'homme.

Sur des feuilles volantes, beaucoup de portraits, tous également curieux :

Celui de Pauline Garcia, en 1839. Portrait demi-nature, fait avec enthousiasme.

Celui de Mme Adolphe de Musset, cousine d'Alfred. Une très jolie personne.

La même, endormie dans une diligence, avec son fils à côté d'elle. Le voyage a fatigué l'enfant qui se tient comme il peut. Sa pose est

étonnante ; c'est même elle qui montre le mieux
quel dessinateur eût pu faire le poète.

Un autre carton est très intéressant pour tous
ceux qui s'occupent de théâtre. Il comprend
une longue série qui a pour sujet le mariage de
Mlle Garcia avec M. Viardot. Chaque dessin a sa
légende qui le commente. Par malheur, dessins
et légendes sont trop spéciaux pour que j'en
parle davantage.

Cette série, qui n'a pas été mise en vente et
appartient encore à Mme Jobert, a été faite en
collaboration avec le statuaire Auguste Barre.

Mais revenons au vrai Musset, à Musset cari-
caturiste. Il excellait dans le genre sous lequel
a succombé la raison du pauvre André Gill. Il
a fait, entre autres petits bijoux, une Mme J***
au clavecin, que Mme J***, qui vit toujours, voudrait peut-être bien détruire. Quoique les cheveux, tout en frisure, couvrent les quatre cin-
quièmes du visage, la ressemblance, paraît-il,
reste frappante sous la charge.

Dans je ne sais quel salon, un soir, on célé-
brait le crayon d'Alfred de Musset.

— Oh ! dit quelqu'un qui regardait la princesse
Belgiojoso, il y a un visage qu'il serait impossible de caricaturer.

La princesse, en effet, était des plus jolies.

A son tour, elle défia Musset, qui s'engagea à en faire une épouvantable charge en n'altérant aucun des traits.

Devant tous, aussitôt, il la fit *de profil* aussi belle qu'elle était. Seulement il mit l'œil *de face*. On n'a pas idée de l'horreur qu'on obtient ainsi.

— Oh! cachez-moi cela! s'écria la princesse en fermant l'album.

Et c'est grâce à cette frayeur que la page existe encore.

Musset, d'ailleurs, ne s'épargnait pas lui-même. Il avait sur la joue gauche deux signes imperceptibles qu'il se plaisait à charger, et dont il s'enlaidissait à plaisir.

Il est évident que le Louvre ne se fera jamais gloire de posséder ces dessins. J'ai cru pourtant devoir les rappeler à titre de curiosité. Le violon d'Ingres est encore célèbre. Comment le crayon d'Alfred de Musset est-il resté si long-temps inconnu?

III

Un dîner avec Mme Limouzin

Il y a des imbécillités qui ne cesseront de m'étonner.

Quel est le devoir d'un écrivain?

Tout rechercher, tout connaître, tout étudier.

Et je ne sais combien de sots m'ont reproché d'avoir poussé ma conscience d'observateur assoiffé de réalisme jusqu'à inviter Mme Limouzin à dîner.

Ils ont de nombreuses plaisanteries sur la planche, car, si Dieu me prête vie, je dînerai encore avec bien d'autres « sujets ».

Donc, le vendredi 11 novembre 1887, le directeur de la prison de Saint-Lazare recevait, à trois heures et demie, l'ordre de mettre en liberté *provisoire* Mme Limouzin.

Inutile de dire que, comme tous les provisoires, la liberté de Mme Limouzin a bien l'air d'être définitive. Elle dure encore, après plus d'une longue année.

Les formalités de levée d'écrou ont été remplies assez rapidement, puisque la pensionnaire a pu sortir quelques minutes avant quatre heures.

Déjà il y avait devant la porte principale de la prison plusieurs centaines de curieux.

Par mesure exceptionnelle, et afin d'éviter toute possibilité de manifestation, on a fait passer la complice de M. Wilson, non par la porte du greffe donnant sous la large voûte devant laquelle la foule était massée, mais par la porte charretière qui sert à l'entrée des fournitures de la prison.

Là ne se trouvaient qu'une vingtaine de personnes entourant l'étalage d'un petit camelot installé dans un des angles de la porte. A la sortie de la prisonnière, la brusque ouverture de la porte a fait choir cet étalage. Les marchandises se sont répandues sur le trottoir. Mais Mme Limouzin n'a point paru s'apercevoir de l'incident. S'éloignant rapidement, elle a pris une voiture. Fouette, cocher !

Je croyais qu'elle se rendait à son domicile, 32, avenue de Wagram.

Là, j'ai trouvé un concierge qui s'est mis à rire en me disant:

— A moins qu'elle ne soit passée par les toits, elle n'est point chez elle.

Je monte toutefois. A l'entresol, je sonne. Un bruit de pas se produit. Apparaît une petite bonne assez gentille qui, dès ma première question, s'écrie :

— Il n'y a point de danger que Mme Limouzin vienne ici ! Son mari ne l'y recevrait point.

— Son mari? Mais je viens de lire que, craignant d'être impliqué dans le procès de sa femme, il a pris ce matin la fuite.

— Ce matin? J'allais, pour lui, demander une place à M. Perrin, juge-suppléant en première instance, qui la lui a promise. Il croit même que je lui donnerai ce soir, quand il reviendra, une réponse favorable.

La bonne m'invite à entrer.

Il paraît que, le front collé à la fenêtre, elle m'a pris, en me voyant descendre de voiture, pour un expert qui doit estimer les meubles et qu'elle attend. Sans cela, elle n'eût point ouvert.

Dans le salon, plus rien. Dans la salle à manger, idem. Les meubles de ces deux pièces ont été vendus par le propriétaire.

Si la domestique est restée, c'est qu'elle veut assister à la vente des trois chambres à coucher.

Il lui est dû 580 francs. Ce détail est caractéristique. Il démontre, plus que tout, la gêne constante de Mme Limouzin.

Après la propriétaire, ce sont les gens de service qui sont privilégiés. La bonne espère donc être soldée. Mais faiblement. Les frais ont été gros...

Ce qui reste dans cet appartement donne bien l'idée de la façon dont était meublée Mme Limouzin. Tout est neuf. Rien, peut-être, n'est payé. Ce ne serait pas beau pour un artiste, mais ce serait superbe pour un bourgeois retiré. Saluons ici l'acajou triomphant.

— Et vous en avez vu, hein! m'écriai-je.

— Ah! oui, il s'en est passé ici, des choses! M. Limouzin ne s'en doutait pas. Mais vous comprenez qu'après les révélations du procès il ne peut plus garder sa femme. Il va plaider en séparation. C'est bien dur, tout cela, pour un homme de soixante ans. Aussi il n'est allé voir qu'une seule fois sa femme à Saint-Lazare, et pour raison d'intérêt!

Un point particulièrement m'intéresse. Je demande :

— A-t-on bien saisi toutes les lettres écrites par M. Wilson à Mme Limouzin?

— Oh! non. Seulement, il n'en existe plus d'autres. Quand elle s'est vue menacée, madame a brûlé les principales. Le chef de la sûreté n'a saisi que les moins importantes.

— Alors il est réel que M. Wilson était en relations suivies avec votre maîtresse?

— Comment! mais plus de dix fois madame m'a dit : « Marie, accompagnez-moi à l'Élysée. » Et j'y allais avec elle, l'attendant pendant qu'elle faisait ses affaires. Ah! c'était une maligne! Celui que je plains le plus, c'est Caffarel. Je le connais. Il mourra de douleur. Le général n'est pas un réjoui comme Lorentz...

A propos de Lorentz, le courtier en décorations qui a été inculpé dans l'affaire Caffarel, sa femme était morte, le jeudi précédent, de misère et de désespoir, dans le logement qu'elle occupait, avenue des Ternes. On sait que Lorentz avait quitté le domicile conjugal, pour venir chaque nuit dans l'appartement de Mme Limouzin. A la suite de cette séparation, Mme Lorentz se trouva sans ressources; elle vivait d'aumônes et de ces bons de pain et de viande qu'on distribue aux indigents. On en vit mal... jusqu'à la mort.

Et Marie, la bonne, me décrit, — assez pitto-

resquement, ma foi, la vie du ménage Limouzin, ménage à trois, à quatre, à cinq.

Lorentz toutefois était le préféré, le fidèle. Il
y a même lieu de croire que, comme il a été
mis, en même temps que Mme Limouzin, en liberté
provisoire, les deux amants sont présentement
en train de s'attendre l'un l'autre quelque
part...

Et comme je prends congé de Marie, je lui
dis :

— Si, par hasard, Mme Limouzin venait ici,
écrivez-moi.

— Oh! non, fait-elle, moi, je n'écris pas!...

Et, le soir, pendant qu'on la croyait partie
pour Fontenay-sous-Bois, Mme Limouzin, vers
onze heures, osait monter, accompagnée de
Lorentz, à l'appartement de son mari.

Elle sonna, sonna. On ne répondit point. Elle
carillonna.

— Qui est là? dit une voix, celle de M. Limouzin, qui était rentré à neuf heures.

— Mais moi.

— Qui, vous?

— Ta femme.

M. Limouzin hésitait à lui donner l'hospitalité. Il fallut parlementer. A la fin, pourtant, la
porte s'ouvrit. Le mari était en chemise. Lorentz

portait les paquets. On causa. Il fut convenu
que Mme Limouzin resterait, mais que son compagnon irait chez lui, où devaient l'attendre ses
trois enfants qui avaient, dans la journée, enterré leur mère.

On se mit au lit fort tard. On se leva de
même. A une heure de l'après-midi, Mme Limouzin n'avait pas encore déjeuné quand le propriétaire de la maison lui fit dire qu'il ne pouvait point la garder dans son immeuble.

— Mais je suis chez moi. On a même vendu
mon salon et ma salle à manger pour payer le
loyer.

— Cela ne fait rien. Le propriétaire ne veut
point de bruit dans la maison. Vous allez certainement recevoir beaucoup de visites. Si vous
ne voulez point consentir à vous en aller, j'ai
l'ordre d'envoyer chercher des agents.

Mme Limouzin prit peur. Cela prouve même
qu'elle n'est pas si forte en droit qu'on l'a dit.

Elle demanda seulement le temps de rassem-
bler quelques paquets. Mais où aller?

En cherchant ce qu'elle devait emporter, ses
yeux tombèrent sur une carte pour l'Épopée du
Chat noir.

Elle se souvint que jadis Rodolphe Salis lui
avait fait bon accueil dans son hôtel. N'y est-il
pas galant pour tout le monde? Il est bon garçon.

Il ne refuserait certainement pas de mettre à sa disposition une chambre où elle pourrait recevoir.

— Si on me demande, dit-elle à sa concierge, envoyez au *Chat noir*.

C'est là que je l'ai trouvée, vers quatre heures, finissant à peine de déjeuner et déjà très entourée.

Son portrait a traîné partout. Il a été tracé à la plume, au crayon. Mais il faut mettre maintenant un éternel sourire sur la petite tête qu'on connaît. La libérée est ravie. Elle fait des mots. Elle plaisante à propos de tout.

— Prenez garde. Vous savez que je suis une femme dangereuse. Et puis quelle sera ma commission?

Elle rit.

— Vous espérez donc, madame, que ce procès est bien fini?

— Comment recommencerait-il? Il ne peut recommencer que si on retrouve les papiers qui manquent au dossier. Or, il me paraît douteux qu'on veuille les retrouver. Et si on les retrouve...

— Eh bien?

— Eh bien, ce n'est pas moi qui serai sur la sellette.

— Il manque donc beaucoup de lettres?

— Trente-deux. Et j'en ai d'autres.

— Vous n'avez pas brûlé, comme on l'a dit, les plus compromettantes!

Dans le sourire de ses grands yeux verts il y eut, cette fois, un éclair de fauve.

— Comment aurais-je fait cela, dit-elle, puisque je suis si intelligente? Ah! sapristi, vous ne me reprocherez pas de me vanter. M'en a-t-on assez parlé, de mon intelligence! A chaque mot que je disais pour ma défense, on me répliquait « Vous êtes si intelligente! Vous êtes trop intelligente!... » Ah! certes oui, je les ai gardées, mes lettres, et mises en lieu sûr. Il y en a même une qui est signée d'un nom... oh! mais d'un nom qui vaut cher. »

Il me fallait absolument ce nom-là, n'est-ce pas? Donc les questions de marcher.

On venait de servir le thé.

Mme Limouzin repoussa le rhum.

— Je ne prends jamais de liqueurs fortes, dit-elle.

— Et ce nom?

— Plus tard.

Alors me voilà citant, au hasard, pour la faire parler, les noms de tous les hommes politiques.

— Après tout, je peux bien vous le dire. Ce n'est pas la signature, mais le très intéressant texte de la fort jolie lettre que je garde pour la bonne bouche. Vous n'avez pas cité le frère du Président !

— M. Paul Grévy?

— Vous y êtes, mais bien que je sache la lettre par cœur, je ne vous en dirai pas plus. Est-ce long, mon Dieu!

— Quoi donc?

— Les interrogatoires ! Il y avait des soirs où on me gardait jusqu'à huit heures. Heureusement Lorentz sait que je suis ici.

— Est-ce qu'il serait encore interrogé aujourd'hui?

— Je crois bien. Il est chez M. le juge d'instruction Atthalin. Peut-être sera-t-il question de Goron ! Ah! je lui ai bien dit à celui-là, le jour où il bouleversait tout chez moi : « Savez-vous ce que vous faites, monsieur Goron? Vous êtes en train de vous destituer vous-même. » Je suis bien autorisée à me venger, n'est-ce pas? Qu'ai-je à redouter maintenant? On sait tout de moi. Mon nom, mes affaires les plus secrètes ont traîné partout. Je n'ai plus de famille. Je ne parle point de ma mère, qui m'aime toujours, et qui était là tout à l'heure, mais jamais mon père, qui est un homme des plus honorables, un propriétaire estimé — la maison qui fait l'angle de la rue Montmartre et de la rue Joquelet est à lui, — ne me permettrait de partager son appartement. Ou il le ferait à des conditions qui ne m'iraient pas. Je suis une indépendante, et je veux recevoir qui me plaît. Rien que des hommes. J'ai la société des femmes en horreur.

Et elle parlait, elle parlait, ayant parfois, mais par lueurs, de la méchanceté dans son sourire.

Une phrase caractéristique à citer :

— Vous ne nous avez donc pas vus à la 10e chambre. C'était le tribunal qui se défendait. Non pas nous!...

Mme Limouzin compte, pour ses premiers besoins, sur la vente de ce qui lui reste. Il paraît qu'il y a dans un cabinet de débarras un lot de tableaux qu'on n'a pas remarqués. Parmi eux, il s'en trouve même un qui est à la fois l'œuvre et le cadeau de Mme Delattre, femme du député. Beaucoup sont de Mme Limouzin elle-même, car elle est dessinateur. Elle a souvent exposé sous son nom de jeune fille.

Mais elle revient à son procès.

Tout ce qu'elle a fait, c'est pour son mari. Si elle voyait tant de monde, si elle cherchait à rendre service à tant de gens, c'était parce qu'elle avait, tout au fond de son cœur, le désir de trouver une bonne place pour ce pauvre M. Limouzin.

Mais cette lettre, cette fameuse lettre du sénateur Paul Grévy! Il n'y a donc pas moyen de l'avoir?

Mme Limouzin se lève.

Pendant qu'elle était là, un ami a cherché pour elle une chambre dans un hôtel. Il l'a trouvée. Quand Lorentz viendra au *Chat noir,* on lui donnera l'adresse.

Et Mme Limouzin se retire. L'hôtel est à deux pas. Je lui offre le bras, celui qu'on présente toujours, le bras gauche. Toute petite qu'elle est, elle a peine à s'y appuyer.

— Excusez-moi, dit-elle, je ne suis pas à l'aise. L'habitude de donner le bras aux officiers... Je suis toujours à droite.

Naturellement je présente l'autre bras. Mais il me manque encore le renseignement principal!

— Où dînerez-vous ce soir, madame?

— Je ne sais pas.

— Voudriez-vous me permettre de vous inviter à dîner? Avec M. Lorentz, naturellement.

Après quelques pourparlers, il est convenu que je prendrai Mme Limouzin et Lorentz à sept heures et demie.

A l'heure dite, je me présente chez Mme Limouzin.

Mme Limouzin a fait toilette. Jupe de satin vieil or broché, corsage en triangle avec une magnifique rose à la pointe.

M. Lorentz et quelques amis sont auprès d'elle. Je les invite à m'accompagner chez Ledoyen, mais Mme Limouzin a de la reconnaissance pour Salis et veut absolument aller au *Chat noir*.

A huit heures moins le quart, nous nous trouvons, au nombre de six, installés dans un salon autour d'une table servie.

Mme Limouzin n'a pas faim. Elle n'a jamais faim. A Saint-Lazare, elle se contentait d'une brioche et d'une tasse de lait par jour.

On mange autre chose, et on cause.

D'abord, grande nouvelle.

La préfecture de police a cru devoir envoyer au général Saussier une lettre de lui, trouvée parmi celles qu'a saisies le chef de la sûreté, M. Goron.

Le général Saussier, très galamment, a déclaré que cette lettre appartenait à sa destinataire.

Mme Limouzin désire boire du champagne, le seul vin qu'elle prenne, très mouillé d'eau, en mangeant. La mousse l'excite encore.

Il m'est, on le comprend, impossible de rendre compte, mot pour mot, d'une conversation qui n'a pas duré moins de deux heures et demie.

Pour être sincère, je dirai que j'ai rarement passé une meilleure soirée. Mme Limouzin, comme le disait M. Atthalin, est vraiment très intelligente.

Elle sait beaucoup de choses, m'en apprend de fort curieuses, que je n'ose pourtant écrire.

Une seule idée de son caquetage.

— Moi, me trahir! Je trahirais plutôt les autres!... Atthalin a toujours été très convenable à mon égard. Si j'étais capable d'avoir un caprice pour quelqu'un, ce serait pour lui.

Et les histoires de marcher. Mme Limouzin en a plein son sac. Vais-je les répéter? Non, je ne peux pas. Je me contenterai de dire qu'à Saint-Lazare même elle a trouvé le moyen de faire sortir quelqu'un de prison.

Pas de protestation possible, j'ai le nom, l'adresse, etc.

Mais c'est la lettre qu'il me faut.

Très gentiment, elle consent enfin à l'écrire elle-même, puisqu'elle la sait par cœur.

Je la copie sur son autographe :

Février, 1879.

« Chère madame,

« J'espère que vous ne m'en voudrez pas de

vous avoir accompagnée, hier soir, jusqu'à Fontenay-sous-Bois.

« Je désire surtout que vous combliez mes vœux en me rendant la visite que je sollicite au donjon de Vincennes, qu'il me sera doux de vous faire visiter.

« Il est inutile de vous dire que je me ferai une grande joie de vous accorder toutes les satisfactions qu'il vous plaira de me demander.

« Croyez à ma profonde sympathie.

« PAUL GRÉVY. »

Mme Limouzin se propose de divorcer. Elle basera sa plainte sur les révélations qui ont été faites à la 10e chambre sur son mari par le ministère public.

Elle déclare avoir l'intention de ne pas se remarier.

Entre-temps, elle continue à plaisanter. On en arrive à parler de M. Bouchez, l'avocat général. Elle a un mot superbe :

— Il est très beau garçon, dit-elle, mais il est décoré. Rien à faire avec lui.

A onze heures, Mme Limouzin rentrait à son hôtel en la seule compagnie de Lorentz.

Et, quelques jours après, l'un et l'autre, ayant d'ailleurs besoin de gagner leur vie, essayaient de ressusciter un café, rue de Clichy.

La seule annonce de leur tentative souleva un tel scandale, que la police dut protéger l'établissement.

Mme Limouzin ne fut guère plus de quarante-huit heures cafetière.

Elle a compris depuis qu'elle ferait mieux de vivre dans l'ombre. Elle désire le silence. Elle s'est retirée, sous un faux nom que la police est presque seule à connaître, dans une rue déserte sise sur le versant nord-ouest de Montmartre. Son existence ne regarde plus personne.

IV

La cellule du père Monsabré

C'est au temps de la liberté religieuse, rue Jean-de-Beauvais, au couvent des Frères-Prêcheurs, que j'ai eu l'honneur d'être reçu par l'homme dont le seul nom attire chaque année à Notre-Dame un public si nombreux : le Père Monsabré.

Père? Oh! oui, c'en est un, dans l'acception bienveillante du mot. Un bon sourire s'épanouissant pleinement au milieu d'une bonne figure, le voilà. Comment est cette bonne figure?

La voici : de petits yeux allongés, noirs et gais, un gros nez franchement campé, un menton plantureux, des joues de campagnarde, un teint frais et rose. L'observateur regardera le front large et bossué, la lèvre tortueuse qui se pince quand elle le veut; et il n'aura point de mal à trouver dans le brave homme l'orateur caustique qui n'est jamais à court d'arguments, et dont la parole ardente et sévère à la fois sait si bien châtier nos vices.

Faites sortir du capuchon un bouquet de cheveux noirs mêlés de fils d'argent et vous aurez le visage complet. Ces figures rasées se livrent tout de suite. Le rasoir est ennemi de l'hypocrisie.

Aimez-vous le costume des fils spirituels de saint Thomas d'Aquin? Ce n'est pas laid, savez-vous, cette grande robe blanche qui serre le cou et la taille, encapuchonne la tête et s'ouvre seulement sur les mains.

Le long manteau noir que, pour sortir, les Pères jettent sur leurs épaules rappelle assez exactement les ailes des hirondelles. Et ne sont-ce point des hirondelles, ces Dominicains qui, bien que chassés, reviennent toujours?

Pour pénétrer à l'intérieur du couvent, il fallait traverser une cour, qu'un préau longeait sur deux de ses faces. Très gaie, cette cour, au milieu de laquelle les Frères avaient dessiné un petit jardin. Si vous avez à la fois une volière et un jardin, souvenez-vous du moyen ingénieux qu'employaient les Frères pour que les oiseaux vissent toujours du soleil — quand il y en avait. Leur volière était fixée sur une grande brouette facile à déplacer.

Contre les murs du préau, s'étalaient cinq vieux plans très curieux de notre cher Paris, à cinq âges divers, et une gravure du *Jugement dernier* telle qu'on en rencontre chez quelques curés de village. Il va sans dire qu'en profane que je me vante d'être, je n'ai pas manqué de donner un regard de pitié à cette pauvre femme adultère qu'un diable tient pendue par les bras pendant qu'un autre la fait asseoir sur une torche enflammée. Quant aux murs, ils s'étaient sans doute engagés à ne jamais être humides ; toutes ces gravures étaient intactes.

Après avoir pris la porte de droite, on se trouvait dans un grand réfectoire qui donnait sur un plus petit. Dans le premier, jamais morceau de viande ni bouteille de vin ne sont entrés. Ne dites point que vous eussiez préféré vous asseoir à la petite table de l'autre. Il s'appelait le *réfectoire des infirmes*.

A gauche, c'était le parloir où les Pères recevaient leurs visites. Pas d'autres meubles qu'une table et des chaises des plus ordinaires.

Mais évoquons le passé. Reconstruisons tout ce couvent détruit.

Quelle est cette salle solennelle, aux voûtes ogivales, aux sièges de chêne? Chut! c'est le Chapitre. C'est là que les Dominicains étudient leur doctrine, sous les yeux de Thomas d'Aquin lui-même, dont la vie a été reproduite sur les murs par le peintre Charlet. Mais les figures des Frères, contemporains du saint, ont été remplacées par celles des Frères actuels.

Le Chapitre donne sur la chapelle *particulière*. Au milieu est l'harmonium que fait chanter pendant les offices le Père Monsabré. Vous avez bien lu. Oui, l'orateur sacré est aussi un musicien distingué.

Savez-vous que cela ne doit pas être amusant, de venir toutes les nuits, à trois heures du matin, s'agenouiller sur ces dalles froides? Après cela, vous me direz que les Frères ont choisi cette vie-là pour ses mortifications mêmes.

A certains moments, les rideaux drapés derrière l'autel roulaient sur leurs anneaux, et la chapelle communiquait alors avec la petite église Saint-Jean-de-Beauvais, ouverte au public.

Cette église, très jolie, était un souvenir du XIVe siècle. C'était la seule partie ancienne de ce couvent, devenu on ne peut plus moderne, puisqu'il avait été reconstruit en 1869.

Les Frères étaient très fiers de leur église, la dernière peut-être où on eût encore un écriteau portant ces mots : « On est prié de ne pas cracher par terre par respect pour le saint lieu. »

Mais la cellule? Pour s'y rendre, il fallait monter. Le couvent avait trois étages; dans les

deux derniers demeuraient chacun chez soi
Frères prêcheurs et Frères convers. Tout le premier était réservé à la bibliothèque, qui était
très riche, ma foi, et mieux ordonnée que celle
de la rue Richelieu.

Le Père Monsabré habitait au second. Sa cellule n'avait guère plus de deux mètres carrés :
un lion de Bidel est plus à l'aise. Une table, un
siège de bois, une planche servant de lit, com-
posaient l'ameublement. Sur le lit, cependant,
il y avait un petit, tout petit et tout mince ma-
telas de varech. Pas de draps. Le luxe effréné
n'entrait point là-bas. Les Frères couchent d'ordinaire vêtus de leurs habits, comme des
prisonniers. Bah ! ne les plaignez pas trop.

— Si vous saviez, nous dit le Père Monsabré,
comme je suis malheureux en province quand
on me donne un de vos lits ! Sur cette planche,
au moins, je dors !!!

Et puis ces Frères sont des prisonniers volon-
taires, dont l'esprit et l'âme volent en plein azur.

Je n'ai jamais vu de captifs si gais... Lorsqu'ils ne prient pas, ils rient tout le temps...

Leur figure néanmoins doit s'attrister quand,
maintenant, dans leur nouvelle caserne de la
rue du Bac, ils se rappellent le vieux couvent
d'où on les a chassés, je vous demande un peu
pourquoi !

V

M. Émile Augier

L'auteur du *Fils de Giboyer* et de tant d'autres pièces remarquables habite, on le sait, au bord de la Seine, un petit pays qu'il se vante d'avoir jadis découvert. C'est Croissy, si célèbre par sa Grenouillère, où, l'été, « s'esbattent et s'esclaffent », dans une promiscuité adamique, des baigneurs et des baigneuses qui ne craignent pas plus l'eau que le vin des cabarets d'alentour.

La maison de l'académicien est la première qui ait été construite sur cette rive charmante. Étrange, cette maison... Elle est devenue ce qu'elle est aujourd'hui comme sont faits souvent les actes d'une comédie, c'est-à-dire en plusieurs fois et à des intervalles assez longs. Le prologue — pardon — le rez-de-chaussée s'est élevé d'abord au milieu d'un grand et joli jardin. La salle à manger donnait alors sur une terrasse où l'on aimait à mettre le couvert. Mais voilà qu'un jour, entre le rôti et le dessert, la pluie tombe à verse... Le lendemain, on commençait à transformer cette terrasse en une jolie véranda, au-dessus de laquelle régnait un balcon.

— C'est sur ce balcon, qui fait suite à mon cabinet de travail, que je fumerai ma pipe, — se disait Augier.

Mais voilà que le soleil dardait ses rayons sur ce balcon. On y avait le crâne brûlé. De nouveau l'architecte est mandé. Un mois après, la véranda avait un étage de plus.

A côté de la salle à manger, s'étend une immense salle de billard où jadis on recevait, — ce qui n'était qu'à moitié commode. Comme il y a du terrain à côté de la maison, Lefuel, de l'Institut, aujourd'hui décédé, se chargea d'adosser un salon contre la salle à manger.

Un vrai salon d'académicien! Tout en chêne, avec grosses poutres sculptées et qui se croisent. Du haut de la vaste cheminée, également en bois sculpté, sort un faune merveilleux. L'ameublement est plus gai; il est en reps bleu, laissant à peine voir le bois. Le fond de la pièce est cintré; un long canapé est accroupi le long de la muraille. Les fenêtres sont immenses et très pittoresques avec leurs petits carreaux plombés.

Quant à la salle à manger, qui est aussi en chêne, Augier lui-même la trouve « absurde », à cause de son papier qui imite mal la faïence — sans avoir les avantages de celle ci.

Voulez-vous monter? Au premier étage on trouve, je l'ai dit, le cabinet de travail ouvert sur la véranda. Il est solennel, ce bureau, avec son ameublement noir, garni de baguettes d'or. La bibliothèque regorge de livres, au milieu desquels il ne faudrait pas rechercher une seule reliure de prix. On n'y trouverait pas davantage un seul des ouvrages du petit-fils de Pigault-Lebrun. Par exemple, ses sept pipes y apparaissent archiculottées. Il paraît qu'elles ne chôment pas dans leur râtelier!

Augier n'a point de pied-à-terre à Paris.

Même lorsque les répétitions de ses pièces le contraignaient à rester quelques jours chez nous, il logeait à l'hôtel, comme a toujours fait son ami Feuillet. Quand leurs affaires les amènent à Paris, Feuillet descend rue de Rivoli, Augier rue Saint-Honoré, tous deux à quelques pas de la Comédie-Française, où ils ont si souvent triomphé.

A Paris aussi bien qu'à la campagne, on

trouve toujours Émile Augier, chez lui, fumant une longue pipe recourbée avec un tuyau en boudin de fauteuil, une pipe qui lui tombe sur le ventre. Jules Sandeau était le seul académicien qui possèdât une pipe exactement pareille, une pipe- sœur, comme dirait M. Vacquerie. Lorsque les deux écrivains collaboraient, leurs deux pipes confondaient leur fumée ; elles étaient de la fête autant que la plume, autant que le cerveau, et il y a bien des choses dans le *Gendre de M. Poirier* qu'on doit à l'influence de ces deux pipes amies.

L'auteur de *Madame Caverlet* est excessivement bon et généreux. Il y a quelques années, un auteur dramatique qu'on a plus souvent cité dans les courriers qu'on ne l'a joué au théâtre, mon pauvre ami Marc Bayeux, qui repose aujourd'hui dans un cimetière suburbain, se permit d'aller le trouver et lui présenta crânement une grande pièce.

— J'ai fait, lui dit-il, un drame que je crois bon et que je désirerais vous soumettre. Si vous lui trouvez des qualités, je vous demanderai non seulement de me soutenir de votre influence aux Français, mais encore de votre bourse, car...

Augier lut la pièce, en fut enthousiasmé, la recommanda chaudement à la Comédie-Française, qui d'ailleurs la refusa, puis remit à l'auteur un portefeuille contenant cinq cents francs en s'engageant à le remplir quand il serait vide.

Ils sont rares, les traits de cette sorte.

Le dernier ouvrage d'Émile Augier, *Madame Caverlet,* qui, primitivement, s'appelait le *Divorce,* avait d'abord été écrit à la fin de 1873 en trois actes.

Elle ne plaisait point à son auteur, qui l'avait jetée dans un tiroir en se promettant de ne plus rien donner au théâtre.

Mais, deux ans après, il ouvrit par hasard ce tiroir, ses yeux tombèrent sur le manuscrit, qu'il lut.

— Ce n'est pas mauvais du tout! s'écria-t-il.

Seulement la pièce ne lui semblait plus *dans le courant*.

Il la récrivit, et voilà comment le *Divorce* est devenu un succès en quatre actes.

M. Émile Augier n'a pourtant rien fait depuis. Il n'a pas même une seule pièce en portefeuille et n'en *rêve* aucune.

Son passé peut lui suffire.

V

La sœur de Campi

On a parlé du frère de Campi. On n'a pas dit que l'horrible assassin de la rue du Regard avait deux sœurs.

L'une vit en province. Je ne veux parler ici que de celle qui habite Paris et chez qui l'avocat de Campi, Mᵉ Laguerre, s'est rendu, le lendemain de la condamnation.

L'entrevue a été, on s'en doute, dramatique au plus haut point. Je la raconterai textuellement, simplement, comme si je n'avais qu'un procès-verbal à faire.

C'est à la demande de l'assassin que Mᵉ Laguerre est allé voir sa sœur.

Il la trouva vêtue de deuil. Elle est veuve. Naturellement, elle ignorait qu'il pût y avoir un lien quelconque entre elle et l'assassin.

— Madame, lui dit Me Laguerre, je viens vous voir de la part de votre frère.

— Ah! vous venez de Bruxelles, monsieur?

— De Bruxelles?

— Est-ce qu'il n'y serait plus? Pauvre frère, il a été fort malheureux, mais il nous a fait bien de la peine!...

Longtemps on causa. Le défenseur de l'assassin dut éprouver une déception profonde. Mme X***, tout en adorant son frère, fut forcée de reconnaître qu'il avait depuis longtemps été un fort mauvais sujet. Jamais sa famille n'en avait pu rien obtenir. Soldat en Afrique, il s'était laissé gagner par la vie de garnison, qui avait fait de lui un « gouapeur ».

Il est permis de dire maintenant quelles ont été les deux condamnations dont il parlait et qui ont tant intrigué.

Une première fois, sous les drapeaux, pour refus d'obéissance à ses chefs, Campi a été condamné à six ans de travaux publics. Il en a appelé et a été acquitté.

La seconde fois, il a été condamné à quinze jours de prison pour outrage aux agents.

Ces condamnations, en effet, comme l'a dit Me Laguerre, ne sont pas très déshonorantes. Il eût pu en mériter d'autres, car, depuis sa sortie du régiment, il n'a jamais vécu que d'indélicatesses. C'est même pour cela que sa sœur le croyait réfugié à Bruxelles.

— Non, madame, lui dit Me Laguerre, il n'est pas en Belgique. Il est à Mazas...

Mme X*** leva les bras au ciel :

— Le malheureux, s'écria-t-elle, il a volé?

— Il a fait pis que cela... Je suis forcé de tout vous dire. Il m'a prié, hélas! de venir ici pour parler... Il veut avoir une dernière pensée de vous. Il va mourir...

— Mourir?

— Lisez-vous les journaux?

— Oui, *le Petit Journal.*

— Avez-vous suivi l'affaire Campi?

— Oui. Oh! quel être abominable!...

— Taisez-vous... Campi est votre frère. Il veut votre pardon...

A ces mots, Mme X*** poussa un cri et tomba aux genoux de Me Laguerre. Durant plus de cinq minutes, elle ne put proférer une parole.

— Ah! je comprends tout, dit-elle. Oui, c'est pour nous qu'il n'a pas voulu se nommer. Oh! le malheureux, le malheureux! Qu'a-t-il fait! Je vous en supplie, monsieur, puisque vous savez son nom, ne le révélez jamais. Je vous en prie à genoux.

Me Laguerre la releva et l'assura qu'elle pouvait compter sur lui, sur sa discrétion. Il essaya vainement de la calmer. Elle lui demanda de nombreux renseignements sur l'affaire. Il lui montra le portrait de Campi... Elle ne le reconnut pas.

Ceci nécessite une explication, qui, d'ailleurs, est bien simple.

Campi, jusqu'à la dernière quinzaine qui précéda son crime, était toujours rasé. Sa misère fut telle alors, qu'il dut laisser pousser sa barbe. C'est avec elle qu'on l'a photographié. Elle le défigure tellement que sa sœur elle-même, je viens de le dire, n'a pas reconnu son portrait. A plus forte raison les autres.

Un dernier renseignement bien typique.

A l'heure où le condamné à mort attendait son exécution, les gendarmes le recherchaient... comme réfractaire. Il était, en effet, de ceux qui, dans le mois précédent, n'avaient pas fait leurs vingt-huit jours.

C'est l'un des meilleurs amis de M. Laguerre, c'est Henri Rochefort qui m'a raconté ce qu'on vient de lire.

VII

Les fantaisies de Maxime Lisbonne

Comédien était, avant la Commune, le citoyen Maxime Lisbonne.

Comédien il a été depuis.

Comédien il sera toujours.

Sa destinée est d'opérer en public. Ce vaincu de la Commune excelle dans les rôles gais. Directeur du théâtre national des Bouffes-du-Nord, il a monté avec enthousiasme, mais toujours gaiement, la fameuse *Nadine* de Louise Michel. Il a sollicité en riant un drame de Jules Vallès.

Chaque soir, son théâtre servait de lieu de rendez-vous aux vieux communards comme aux jeunes collectivistes.

Il les tutoie tous. D'ailleurs, qui ne tutoie-t-il pas? Il tutoie même Albert Wolff.

Un de ses souvenirs glorieux est d'avoir été

enfermé, après la Commune, à l'hôpital de Versailles, dans la même chambre qu'Hippolyte Ferré, le frère de Théophile, et que le poète Gustave Maroteau.

Il a passé huit ans au bagne, séparé naturellement de sa femme, une charmante personne qu'il adore toujours, mais que les fantaisies de son citoyen époux rendent parfois bien malheureuse. En Calédonie, il a souffert tout ce que l'on peut imaginer. Il n'en veut à âme qui vive. Il est si content d'être revenu, qu'il eût donné même à M. Jules Ferry une loge à demi-droit.

Mais attention !

Pour commander autre part que sur un théâtre, pour jouer en pleine vie un vrai drame, au milieu d'une fusillade réelle et d'un incendie pour de bon, le comédien Lisbonne, monté et vêtu comme Marceau, agiterait, bel et bien, son grand sabre en criant à la foule :

— Enfants de la République universelle, l'heure de la délivrance a sonné ! Pour l'extinction de l'infâme classe bourgeoise, pour la mort des ignobles patrons, pour l'indépendance des pauvres travailleurs, levez-vous ! Suivez-moi ! En avant et toujours en avant ! Arche !!

Dire que le jour viendra peut-être où tu nous feras peur, colonel !

En attendant, Lisbonne entreprenait, quand il était directeur, tout ce qu'il pouvait pour attirer du monde à son théâtre.

Bien qu'ayant une jambe presque immobilisée par suite d'une blessure reçue place du Château-d'Eau, pendant la guerre, il déploie en toute circonstance une activité vertigineuse. Jusqu'à l'automne de 82 pourtant, il se croyait au-dessous de son devoir.

— La Porte-Saint-Martin, murmurait-il dans ses nuits d'insomnie, le Châtelet, le Château-d'Eau lui-même, ont eu des lions, et les Bouffes-du-Nord n'ont eu encore que des chevaux et des grues !...

Il essaya de s'aboucher avec un dompteur, de passage à Paris, mais les dompteurs sont hors de prix ! Que devenir ?

Or il paraît qu'il y eut au moins une heure où la Providence veilla même sur les Bouffes-du-Nord.

Par hasard, Lisbonne apprit qu'il y avait dans les écuries du cirque Fernando cinq vieux lions qui avaient été abandonnés par un dompteur engagé ailleurs.

— J'ai trouvé ! s'écria-t-il. Je vais faire ce que n'a fait aucun directeur de Paris. Je dompterai ces lions. J'entrerai dans leur cage. Je leur mettrai mon pied malade sur la tête !...

A ce moment son front se rida.

Lisbonne continua son monologue.

— Oui, mais j'ai eu l'honneur de me battre pour la Commune, d'être condamné pour elle ! Moi aussi, j'ai eu ma rentrée triomphale à Paris. Ce métier va me diminuer.

Il chercha encore. Il trouva. Il appela deux fournisseurs patentés de revues de fin d'année, mes amis Beauvallet et de Jallais. Il leur en commanda une où l'on devait voir un tableau du genre suivant.

Le compère, M. Prudhomme, faisant allusion aux événements de 71, aurait dit solennellement :

— M. Thiers a sauvé la France, et si de nouveaux soulèvements se produisaient, d'autres lions encore se dresseraient pour épouvanter et faire fuir les rebelles.

— Les gens dont vous parlez, des lions ! se serait écrié Lisbonne. Faites-les donc voir.

La toile du fond soudain levée, les cinq vieux lions édentés du cirque Fernando eussent apparu au public, enfermés dans une cage de feuillage. Les auteurs leur auraient donné des noms transparents, sous lesquels on eût reconnu ceux des personnages politiques en vogue.

Lisbonne se serait élancé dans la cage, eût chanté un rondeau foudroyant, agacé et fustigé les pauvres bêtes.

Il comptait sur un grand effet qui, en même temps qu'il eût empli sa caisse, eût perpétué son rôle d'artiste politique.

Telle était en 82, sa dynamite, à lui. Après tout, elle vaut mieux que l'autre.

Hélas! il était écrit que le vaincu de la Commune serait aussi un vaincu du théâtre. A la fin de la première année, la commandite lui fit défaut. Lisbonne rentra momentanément dans la vie privée.

Il en sortit brillamment un soir, le 7 août 1884. On était en plein Congrès. Il y avait meeting antiversaillais, salle Lévis.

Le citoyen Gambon, démissionnaire du Congrès, présidait. Ce grand diable de Lisbonne était là, à côté des députés Maret et Laisant qui, eux, ne voulaient pas démissionner. La salle était houleuse.

Après avoir entendu peu respectueusement les explications des députés Maret et Laisant, les anarchistes, qui ne manquent jamais ces fêtes-là, se déchaînent.

L'un d'eux propose de se rendre en masse à Versailles autour de la salle du Congrès, d'envahir celle-ci, de balayer les opportunistes, qui ne sont plus pour eux que des orléanistes déguisés. Lisbonne alors demande la parole.

Avec son chapeau légendaire, tuyau de poêle aux bords plats, toujours planté sur le haut de ses cheveux frisés, avec la canne sur laquelle il est forcé de s'appuyer à cause de sa blessure, il monte à la tribune.

— Citoyens, dit-il, vous voulez aller à Versailles ?

— Oui, oui.

— Eh bien ! moi aussi, je suis prêt à m'y rendre. Moi, on me connaît. Je suis Lisbonne. On sait où me trouver. On sait aussi ce que j'ai fait en 71. Je ne me contente pas de parler, j'agis. Pendant les journées de Mai, il y avait à Paris deux cent mille braillards qui hurlaient : Vive la Commune ! et il y en a eu dix mille à peine qui ont réellement fait le coup de feu. Il ne faut pas qu'il en soit de même aujourd'hui.

— Non, non !

— A merveille. Eh bien ! vous êtes ici à peu près neuf cents qui criez : Allons à Versailles. Le voulez-vous réellement ?

— Oui. A Versailles !

— A la bonne heure. Ça va rouler. Seulement, puisque vous me connaissez, vous trouverez bon que, moi aussi, je veuille vous connaître. Vous ne vous étonnerez pas que je vous demande vos noms et adresses. Que tous ceux qui veulent venir avec moi, et dès demain, à Versailles,

se mettent de ce côté de la salle. Allons, citoyens, par file à droite, droite !

Un mouvement se fit. Des citoyens se déga-
gèrent et se rendirent vivement du côté que
désignait l'orateur.

Lisbonne les compta.

Il y en avait dix-neuf !

Pas un de moins. Pas un de plus.

Lisbonne, alors, eut un geste que n'eût pas
désavoué Mirabeau.

— Je vous salue, vous, les braves, reprit-il en
s'inclinant devant les 19. Je vous admire et je
vous remercie au nom de la grande cause, mais
vous voyez bien que réellement nous ne sommes
pas assez nombreux pour balayer une assemblée. Allons, *oust !* les braillards ! Je crois que
vous allez vous taire à présent. Rentrez chez
vous, vos femmes vous attendent.

On hua Lisbonne, mais il n'a pas froid aux
yeux.

— Puisque la besogne qui se fait ici, reprit-
il, est inutile, moi, je vais prendre un bock.
Ça vaudra mieux. Ceux qui ne sont pas contents
me trouveront au café.

Et il s'en alla, toujours appuyé sur sa canne.

Et on n'a plus parlé de Versailles.

Depuis ce temps, Lisbonne a eu de nombreux

avatars. D'abord il s'est fait journaliste. Il a créé *l'Ami du Peuple*, journal *maratiste*, rédigé dans une *cave*.

Comme il n'avait pas d'argent, il perdit trente mille francs... Il dut même quitter sa cave.

Fut-il vaincu pour cela? On peut au moins admirer sans réserve sa vaillance.

Loin de se laisser abattre par la mauvaise fortune, il chercha et trouva un commanditaire.

En un mois, il loua un terrain et construisit à Montmartre, à l'angle de la rue des Martyrs et du boulevard de Clichy, le fameux baraquement que tout Paris a visité, la *Taverne du Bagne*, qui avait la prétention de représenter exactement une des casernes de Nouméa.

On eût dit d'une prison. Au-dessus de la porte, une lanterne rouge. Sur la toiture, à droite et à gauche, deux canons.

A l'intérieur, qui était d'un minable à faire fuir, mais dans lequel on s'empilait, le service était confié à des forçats, ayant tous au pied une chaîne se terminant par un boulet.

Seulement le boulet était creux, s'accrochait à la ceinture, s'ouvrait et contenait... la serviette avec laquelle on essuyait les tables.

Là, le bock s'appelait un boulet.

Sur les murailles, une trentaine de tableaux

représentant des scènes du bagne et les principaux forçats : Rochefort, Alphonse Humbert, Fortin, etc.

Ces tableaux étaient l'œuvre d'un artiste... dramatique, peintre à ses heures, Rosambeau, qui, à la fin de 88, eut, comme acteur, un grand succès au Théâtre-Libre, dans *la mort du duc d'Enghien.*

On ne sortait de l'étrange établissement qui est resté « la gloire de Lisbonne » qu'à l'aide d'un carton vert ou jaune dont voici un spécimen :

TAVERNE DU BAGNE

CERTIFICAT de LIBÉRATION

Le Condamné a consommé
et s'est bien conduit.

LE DIRECTEUR,

M. LISBONNE.

Au commencement de décembre 1885, tout Montmartre fut couvert d'affiches rouges dont Lisbonne m'a envoyé un exemplaire.

La teneur de ce placard donnera une idée du style au moins fantaisiste de ce comédien éternel :

Taverne du Bagne

2, BOULEVARD DE CLICHY,
EN FACE LE CIRQUE FERNANDO

INVITATION
AUX MALHEUREUX DU 18ᵉ ARRONDISSEMENT
Dimanche 6 décembre 1885, de 8 h. à 11 h. 1/2 du matin

GRAND DÉJEUNER GRATIS

CAMARADES,

La Révolution tardant, et ne pouvant, dans un moment de calme et de tranquillité, faire fusiller les bons bourgeois qui détiennent entre leurs mains LE CAPITAL, j'ai pensé, en attendant

l'heure de la justice populaire

(celle qui ne commet jamais d'erreur judiciaire), faire cracher la bonne galette aux réactionnaires.

Aussi, DIMANCHE, **PREMIER DÉJEUNER**, venez, et vous humerez les meilleures bières de la place :

Bière d'Amstel, Prudon, Diekirch, Bizot, Zimmer. — Du bordeaux de la maison Moreau, de Billancourt. Un excellent moka de la maison Ruffier, la farine de la maison Juin, du gruyère de la maison Kœsler et de la viande de la boucherie Frot.

FRÉRES,

En attendant que ces vils capitalistes soient envoyés jouer à la manille avec l'HOMME A LA VIEILLE BARBE, venez DIMANCHE, vous caler les joues à la TAVERNE DU BAGNE.

Votre appétit n'en sera que plus formidable, car C'est la Réaction qui paye... par FORCE !

Le Directeur:
MAXIME LISBONNE.

Je ne pouvais me dispenser d'assister à ce déjeuner. Il y a d'ailleurs un mot qui a le privilège de rallier tous les partis. C'est celui de charité. Imaginez M. Jules Grévy ayant eu l'idée d'inviter à déjeuner dans les mairies de Paris les pauvres de nos vingt arrondissements. J'aurais évidemment oublié son titre de Président de la République pour ne parler que de ses bienfaits.

Or on ne saurait que féliciter le citoyen Lisbonne d'avoir, le 6 décembre 1885, de huit heures à onze heures et demie du matin, fait manger trois mille pauvres, — en cinq fournées.

Réclame, dira-t-on. Il serait à désirer que toutes les réclames fussent du même caractère.

Dès cinq heures du matin, selon la déclaration *officielle* de M. l'officier de paix Thiébault, il y avait une queue formidable qui contournait la *Taverne du Bagne*. A l'heure annoncée, les portes de la taverne s'ouvrirent et six cents pauvres prirent place autour des tables.

Menu : potage, bœuf, haricots, fromage, vin, café, cognac, et comme digestif, un verre de bière.

Il n'était toutefois pas facile de s'asseoir. A chaque « fournée », il entrait plus de malheureux qu'il n'y avait de sièges. Les invités avaient l'air si timide que j'osais à peine les regarder. Tout ce que je puis dire, c'est qu'il y avait beaucoup d'hommes, peu de femmes, un grand nombre d'enfants, quelques chapeaux noirs, très peu de blouses. Les pauvres dits honteux dominaient.

L'officier de paix, craignant le tapage, avait appelé vingt-cinq gardiens. Ils n'ont eu rien à faire. Jamais réunion ne fut plus calme.

Après la troisième fournée, les vivres commencèrent à manquer. On dut diminuer les portions. « Doublez la ration de vin ! » cria Lisbonne à ses forçats.

En réalité, cette petite fête ne lui a guère coûté qu'un millier de francs, car, ainsi que le déclarait l'affiche, il avait contraint tous ses fournisseurs à lui envoyer gratuitement de la boisson ou de la nourriture. C'est ainsi que le boucher avait fourni 100 kilos de bœuf, le marchand de vin, deux pièces, le brasseur, deux tonneaux.

Pendant les cinq fournées, les forçats, qui servaient de garçons, étaient naturellement avec les invités tels qu'ils étaint avec les clients ordinaires.

— Allons, *les condamnés*, disaient-ils, un peu de patience !

J'ai vu plus d'un pauvre se rebiffer et montrer

plus de dignité que n'en ont les curieux mondains qui ont fait la fortune de l'établissement.

— Parlez donc poliment! disaient non sans arrogance quelques pauvres.

Le croira-t-on? Des trois mille invités, un seul remercia l'amphitryon et le fit même très gauchement.

Le dernier pauvre parti, Lisbonne vit deux messieurs très bien mis entrer dans sa Taverne. Ils représentaient le bureau de bienfaisance du dix-huitième arrondissement, et venaient lui demander « de faire quelque chose pour les pauvres ».

— Citoyens, dit-il, il me reste encore 15 fr. Les voici.

Puis il fit atteler la petite voiture peinte en rouge, qu'il conduisait lui-même. A côté de lui monta un forçat.

Et le fantaisiste, un cure-dents aux lèvres, alla digérer au Bois.

Six mois après, le baraquement était remplacé par une maison de rapport, mais le Bagne n'était point détruit pour si peu.

Lisbonne l'avait transporté, comme en fait foi l'affiche suivante, à Belleville.

LA TAVERNE DU BAGNE

ET DES

RATAPOILS

Est transférée, 12, rue de Belleville, 12

OUVERTURE LE 12 FÉVRIER

Sur la proposition du Gérant du BAGNE

AMNISTIE GÉNÉRALE

ARTICLE PREMIER. — Tous les forçats employés à la Taverne du Bagne du boulevard Clichy sont amnistiés.

Art. 2. — Leurs droits civils et politiques leur sont rendus.

Art. 3. — Il appartient à la Société de s'occuper des forçats libérés afin qu'ils ne retombent pas dans le **MALHEUR**.

Leur repentir et leur bonne conduite ont permis au directeur du Bagne de les placer ainsi qu'il suit :

Nos 47 Valet de chambre chez le duc de Mac-Mahon.
49 Introducteur chez Sarah Bernhardt.
51 Cocher chez M. Jules Ferry.
69 Piqueur chez la princesse Mathilde.
70 Contrôleur au Théâtre-Français.

Nos 71 Garçon de bureau au Ministère des Beaux-Arts.
81 A la buvette de la Chambre.
93 Facteur de journaux au Cri du Peuple.
117 Le perruquier du Bagne au Figaro (conservera son emploi).

Ces libérés seront remplacés par d'autres forçats arrivés de la Nouvelle-Calédonie, et actuellement en villégiature à Mazas.

Les Ratapoils ont été choisis parmi les anciens Municipaux de 1851.

Fait a Paris, le 8 Février 1886.   Par ordre : le gérant du Bagne, CHIOURIMIQUE.

Approuvé : le directeur du Bagne, Maxime LISBONNE

SOUPE CANAQUE, GOURGANE DE TOULON et BADINGUET, TOUS LES SOIRS à 11 HEURES

Les ratapoils étaient de beaux messieurs en redingote, ayant sur le chef un chapeau haute forme. Au-dessus de celui-ci planait un aigle empaillé dont le bec tenait un morceau de lard.

Par moments une dispute s'engageait entre un ratapoil et un forçat.

Pure comédie, on s'en doute.

Cinq ou six forçats se jetaient sur le ratapoil, s'en emparaient et le poussaient sur un petit théâtre simulant une forge; ils le couchaient de force sur un banc et lui mettaient les fers aux pieds.

C'était la revanche de l'opprimé.

Malgré la répétition fréquente de cette scène, le Bagne de Belleville fut loin d'avoir le succès de celui de Montmartre.

Aussi Lisbonne, habitué à voir la foule autour de lui, créa-t-il, dans un quartier moins lointain, près des Halles, une troisième taverne.

Et Paris eut encore à s'amuser d'une nouvelle affiche :

TAVERNE

DE

LA RÉVOLUTION

FRANÇAISE

(Même Direction)

18, RUE DE RAMBUTEAU, 18

OUVERTURE LE JEUDI 1er AVRIL 1886

Les réactionnaires ont accusé les Révolutionnaires d'être anti-patriotes.

Ils ont menti ! ! !

Quelle est l'époque, dans notre histoire, où le patriotisme ait enflammé la nation entière et la plus nombreuse pléiade de héros ?

L'Époque de la RÉVOLUTION !

Nous sommes Patriotes à l'exemple de nos grands hommes de 89 et 93.

Pas envahisseurs : mais résolus à défendre, jusqu'à la mort, le sol Français ; Héritiers de leurs audaces; Résolus comme eux à défendre le patrimoine des libertés qu'ils nous ont légué et à l'agrandir.

A la Taverne de la Révolution française

L'histoire, en tableaux, des grands citoyens qui ont défendu la République sera un salutaire exemple à notre nouvelle génération.

La Révolution qu'ils ont commencée, nous la continuons.

Nous, les Révolutionnaires d'aujourd'hui !

Et nous la voulons partout. Dans les Arts, dans l'Industrie, dans le Commerce.

Voilà notre Patriotisme et c'est le bon !

Assez ! trop de patriotes à la Déroulède !

Patriotes ! Oui ! chauvins ! jamais.

Maxime LISBONNE.

Mais cet appel, malgré son éloquence, ne fut pas entendu.

Paris était-il fatigué des tavernes... ou de Maxime Lisbonne?..

Le fait est que les clients ne vinrent pas.

Le fantaisiste remonta à Belleville où il se tint à peu près deux jours tranquille.

C'est le maximum de sagesse que sa femme puisse obtenir de lui.

Moins de trois mois après, la *Taverne du Bagne et des Rutapoils* était dédoublée.

Mme Lisbonne continuait à tenir celle de Belleville. Quant au citoyen, il promenait ses forçats, ses boulets, ses tableaux, en province et à l'étranger.

Mais bagne qui roule n'amasse pas mousse.

Je me demande, non sans tristesse, ce que sera la vieillesse de Maxime...

En 1887, Lisbonne allait... à Lisbonne solliciter, sérieusement, du roi de Portugal son appui pour je ne sais quelle affaire d'héritage, à laquelle on ne comprend rien.

En février 1888, il m'emprunte un habit, qu'il ne m'a d'ailleurs jamais rendu, et a l'audace de se présenter à une soirée ouverte du Président de la République.

En avril 1888, il part pour Londres dans l'intention d'y faire des conférences. Ayant commencé par porter sa carte au « citoyen prince de Galles, » il s'aliène du coup les sympathies des Anglais, si respectueux des monarques, et réalise des recettes de 42 francs.

Mais est-ce qu'on peut arriver à citer toutes les fantaisies de Lisbonne ?

A chaque saison, chaque avatar.

Dans l'été de 1888, il s'amourachait du *Sommeil de Danton*, montait à l'ancien théâtre des Nations, la pièce de Clovis Hugues, la promenait sans profit en province...

L'automne vient. Il crée les *Frites révolutionnaires*, une brasserie cabaret à l'usage des amateurs de pittoresque.

Cet établissement est sis, boulevard de Clichy, tout près de la place Pigale.

Les pommes de terre frites sont apportées aux garçons par des mannequins grandeur nature qui représentent ou Napoléon III, ou Louis-Philippe, ou un propriétaire, ou un huissier, ou un frère, selon que le client demande une *frite* à la graisse bonapartiste, à la graisse royaliste, à la graisse de propriétaire, à la graisse d'huissier, à la graisse cléricale.

Les frites boulangistes sont servies par un

cheval noir et les frites revisionnistes par un lapin.

Mais voici l'hiver. Les *frites* ne suffisent plus à l'activité dévorante de Lisbonne. Il s'engage dans un café-concert où il joue, le soir, dans la revue *Aux Urnes* le rôle de... MAXIME LISBONNE. A la dernière scène, il dit :

— L'heure solennelle est venue. Mon costume ne l'est pas assez. Qu'on m'apporte l'habit de mon ami Chincholle.

Alors il revêt mon habit et décore tous ses camarades de l'ordre antiwilsonnien des *Frites révolutionnaires*.

Ici est close momentanément la série des abracadabrances plus ou moins spirituelles de Maxime Lisbonne. Avant un mois, il y aura de nombreuses pages à ajouter.

VIII

Jules Barbey d'Aurevilly

Un gentilhomme de stature élevée et aux membres bien proportionnés, portant haut la tête, nez bourbonien, teint légèrement doré, yeux noirs et perpétuellement allumés, cheveux de la même couleur, abondants et ondulés, moustache fournie et longue, — une tête d'Espagnol sur un corps de Normand.

Pour costume ordinaire, un pantalon de fantaisie à sous-pieds et collant, une étroite redingote noire boutonnée jusqu'aux deux tiers de la poitrine, un chapeau haute forme à bords relevés, des bottes vernies à hauts talons et à bouts arrondis, des gants blancs ou gris perle à quatre boutons, de longues manchettes et un jabot toujours frais, mais non empesé, sortant de la redingote ; à la main, une badine blanche, toujours en mouvement ; la voix forte et ferme, la voix d'un homme qui se sait honnête ; dans la conversation, peu de gestes ; la main droite seule jouant avec la badine ; le masque impassible, voilà bien extérieurement mon cher maître et grand ami, M. Jules Barbey d'Aurevilly.

Au moral, pas de défauts ; un seul vice, élevé à la hauteur d'une vertu, un immense orgueil.

Ardent légitimiste, plus ardent catholique, il eût, pour rétablir sur le trône le fils de saint Louis, donné avec joie sa vie qu'il consacre à tâcher de mériter le ciel à sa manière.

Il fait maigre chaque fois que l'Église l'ordonne, communie quand il en sent le besoin, et n'est, les dimanches et fêtes, visible que pour Dieu. Ultramontain à outrance, il détestait MM. de Montalembert et de Falloux, et lit souvent Joseph de Maistre, qu'il appelle de Maistre tout court, faisant fi de Xavier.

Il ne salue jamais les morts qui s'en vont sans prêtre au cimetière. Ils ne sont pas ses frères ! Protestant et républicain, pour lui, cela se vaut, c'est à jeter au même tas. La religion catholique, apostolique et romaine, avec ses vieilles croyances et ses antiques usages et l'histoire de France, de la France d'avant 89, peuvent seules le consoler d'être devenu le sujet d'une république.

Il m'écrivait un jour dans son style imagé :

— Je suis l'homme de l'immobilité en toutes choses. Quand, à Eylau, les Français entrèrent dans les carrés russes, ils tuèrent les grenadiers, mais ceux-ci restèrent debout, — et tués, il fallait les pousser pour les faire tomber. Quoique Français, je suis en tout de ces Russes-là.

Bien que ne s'étant jamais marié, il adore les femmes, mais on ne lui a pas connu de maîtresse. D'aucuns assurent qu'il est vierge.

S'il était arrivé que l'on pût accoler son nom à celui d'une beauté quelconque, certes, l'indiscrétion ne fût pas venue de lui. Il vénérait trop les femmes pour compromettre même celle qui eût désiré être compromise en sa compagnie. Il a une façon un peu déclamatoire de dire : « Madame !.. » qui fait de ce simple mot un respectueux compliment. Il ne lui est pas possible d'aller dîner en ville sans porter un bouquet à la maîtresse de la maison, en quelque saison que ce soit.

Du temps où il était critique dramatique, il avait sa loge aux premières.

Un soir, il l'offrit à M. et à Mme X...

En y entrant, Mme X... trouva un bouquet sur le siège qu'elle devait occuper, — le meilleur.

Il fait du bien en secret, ou publiquement

dès qu'il en trouve l'occasion, mais aime mieux en faire publiquement, à cause de l'exemple. Sans être riche, il a de quoi vivre à l'aise. D'abord, ses travaux sont de quelque produit, quoique rapportant beaucoup moins que les œuvres des faiseurs. Mais l'argent n'a jamais rien prouvé, — que pour les imbéciles.

Ensuite il a hérité de deux amis qui lui ont, dit-il, donné l'indépendance et permis d'écrire où et quand il lui plaît.

Il a l'éloquence d'un orateur convaincu et la séduction d'une coquette jolie ; il parle comme causaient Alexandre Dumas, Léon Gozlan ou Roger de Beauvoir ; celui-ci était d'ailleurs son ami.

Il n'a qu'à dire quelques mots pour peindre, et avec un coloris d'une richesse éblouissante, engendrant les effets les plus pittoresques et toujours variés.

D'un mari qui croyait sa femme fidèle, il disait une fois : « C'est un quinze-vingts à illusions. »

Il l'appelait, une autre fois « un gobe-mouches conjugal qui avale des montagnes ».

L'amant d'une adultère est pour lui « un co-cufiant ». A quelqu'un lui demandant, au milieu d'un salon, ce qu'il pensait d'une très belle femme décolletée qui chantait, il répondit : « C'est une cantatrice pour les sculpteurs ! » Un soir, il entrait chez une mère prête à aller au bal, au moment où elle avait les bras nus autour du cou de son fils : « Déjà le collier de la Toison-d'Or ! » dit-il au petit bonhomme.

Les gens qui ont commencé par se moquer de sa toilette très démodée, de son contentement de soi-même, de son respect infini pour les femmes, de ses mœurs étranges et de ses opinions extrêmement réactionnaires, il les conquiert en un instant par sa distinction, son amabilité, sa science, son esprit. Il lit beaucoup, sait retenir et s'approprier les choses qui, passant par ses lèvres, deviennent toutes attrayantes. Il est plus qu'un charmeur, c'est une charmeresse. Il n'y avait jadis, au faubourg Saint-Germain, ni grand dîner, ni fête sans lui. A table, on se taisait pour qu'il parlât. En soirée, on l'entoure, on se fait, pour ainsi dire, *son public*. Alors il tire un feu d'artifice de mots spontanés, drôles ou charmants.

Son âge? A voir Barbey d'Aurevilly, on ne lui donnerait pas plus de soixante ans. Cependant, il a davantage. Ceux qui prétendent, à faux, qu'il porte un corset ajoutent qu'il consacre à sa toilette des soins de petite maîtresse. En ceci, ils ont raison.

Barbey déclare volontiers qu'il a le devoir de soigner son corps puisque celui-ci est la maison de son âme.

Pour expliquer l'absence de rides, il faut surtout dire que le Temps, qui a ses préférés et qui égratigne les autres, a, d'une main respectueuse, caressé l'auteur d'*Une vieille Maîtresse* avec le même amour qu'il avait jadis pour Ninon et, récemment encore, pour l'artiste Laferrière.

Cela fait comprendre pourquoi, si d'Aurevilly adore les femmes, elles sont, de leur côté, très loin de le traiter en vieillard sans conséquence.

Il ne pourrait pas dresser la liste de toutes les veuves, de toutes les jeunes filles, qui lui ont laissé sentir qu'elles s'appelleraient volontiers, celle-ci ou celle-là, Mme d'Aurevilly...

Les lecteurs qui ont la bonté de suivre mes travaux ont déjà reconnu, dans cette étude, les grands traits physiques et moraux du principal personnage d'un roman que j'ai publié en 1884, *la Ceinture de Clotilde*.

C'est d'après Barbey d'Aurevilly que je me suis permis de faire vivre et mourir le comte Guy d'Averland. Son caractère méritait d'être fixé, étudié, développé dans un roman.

J'ai l'honneur de connaître Barbey depuis

1869. Nous écrivions ensemble au *Parlement*, de Grégory Ganesco. Nous y faisions, lui, la critique dramatique, moi, la soirée théâtrale sous ce titre : *Au Foyer*. Nous ne nous quittions guère. Comme le *Parlement* était un journal du soir, Barbey ne travaillait à ses comptes rendus que le lendemain matin, dans son lit. Il écrivait alors en tenant sur sa main gauche son large papier très glacé et très fort. De la main droite, il trempait sa plume dans ce qu'il appelait son piano, un jeu de bouteilles contenant des encres de couleurs différentes. De l'encre bleue pour l'amour éthéré, rouge pour l'amour passionné, noire pour les phrases sans caractère, jaune pour l'adultère, etc. Quand il avait un mot à chercher, il ornait d'or les majuscules. Ses manuscrits auront quelque jour un prix inestimable. On se les dispute dans les imprimeries.

Vers deux heures, il venait au journal corriger ses épreuves. Jamais je ne l'ai vu quitter ses gants blancs pour cette besogne pénible et quelquefois peu propre, à cause de l'humidité de l'encre d'imprimerie, mais il s'arrangeait de façon à ce que le bout seul de sa plume touchât le papier.

Un jour, un prote se permit d'attirer son attention sur une ligne qui, vraisemblablement, ne lui plaisait pas.

De l'ongle, il la mettait sous les yeux de Barbey.

— Que me montrez-vous là ?

— Ce mot...

— Eh bien ?

L'autre, maintenant, n'osait plus parler. Il finit pourtant par bégayer :

— La grammaire... l'interdit.

Dédaigneusement, Barbey lui rendit l'épreuve :

— Gardez votre grammaire, monsieur. J'ai la mienne !

IX

Un Meurtrier

Un simple jugement civil est rendu, et voilà que, soudain, un drame sanglant, qui remonte déjà à quelques années, est remis en lumière.

Ce Paul Roussilhe, que l'on a interdit comme aliéné, au commencement de février 1888, était, en effet, l'auteur du meurtre de La Fage, près de Clermont-Ferrand.

En septembre 1885, il déjeunait là-bas, avec sa maîtresse, quand tout à coup une querelle éclata entre les deux amants. Paul Roussilhe saisit un immense couteau à découper et tua net la jeune femme.

Le lendemain, il se livrait lui-même aux gendarmes. Reconnu fou, il ne comparut point devant les assises. Il est aujourd'hui à Charenton, d'où il adressait, le 6 février 88, un pressant appel au *Figaro*.

Le lendemain matin, je me présentais dans la célèbre maison, qui est maintenant dirigée par un homme que j'ai souvent approché jadis, M. Dumangin, le plus vieil ami de Gambetta, l'ancien chef de cabinet du Président de la Chambre.

— A quoi bon voir Roussilhe? me dit-il. Pourquoi aggraver son cas en le faisant parler?

Et puis l'éternelle raison :

— Mais si tous les journalistes désiraient entrer?

Enfin, M. Dumangin, qui n'a pas cessé d'être aimable, malgré son air bougon, comprend qu'en la circonstance, puisque c'est M. Roussilhe lui-même qui adresse un appel au *Figaro*, il vaut mieux, pour l'administration, que je puisse dire que son pensionnaire n'est pas séquestré.

Il fait demander pour moi au médecin l'autorisation nécessaire. Guidé par un gardien, je traverse les premiers bâtiments. Un autre gardien me conduit dans la chambre même de M. Roussilhe.

Il n'y est pas. Il se promène dans la cour. En l'attendant, j'examine la petite chambre. Elle est très propre, suffisamment confortable. Le parquet est ciré. Dans la cheminée brûle un feu de bois. Sur une table, du papier à écrire. Au-dessus de la toilette, un miroir à trois faces.

Fixée au mur, une carte militaire, celle du Cantal, où sont encadrées de bleu les propriétés de M. Roussilhe, qui est venu au monde avec cent mille francs de rente, — plus qu'il ne fallait pour être heureux; c'est peut-être pour cela qu'il l'a été si peu.

La porte s'ouvre. Un monsieur apparaît, seul, un homme de trente-six ans, très correctement vêtu. Il salue, ferme la porte, et dit sèchement:

— Permettez, monsieur, je n'ai pas l'honneur de vous connaître.

Je lui tends ma carte.

— Ah! parfaitement, dit-il. Je remercie le *Figaro* d'avoir répondu à mon appel. Prenez la peine de vous asseoir.

Et il s'appuie contre la cheminée, le dos au feu. Je l'observe attentivement, cherchant à me rappeler Lavater et son admirable division des facultés.

Le bas de la figure est très distingué, le menton effilé. Peu de penchants matériels. Le nez est fort, très énergique; les facultés morales sont plus que suffisantes. Mais au-dessus des yeux, d'un brillant d'alcoolique, le front, plus que développé, surplombe exagérément le visage.

On dirait que le cerveau veut faire éclater la boîte osseuse. De ce côté, il y a disproportion réelle. Mais M. Roussilhe prend la parole :

— Tout d'abord, monsieur, je vous prierai de publier *in extenso* la lettre que j'ai eu l'honneur d'écrire à M. votre rédacteur en chef. Les lecteurs du *Figaro*, parmi lesquels je compte beaucoup d'amis, verront que celui qui l'a écrite ne peut être fou.

Voici cette lettre :

Saint-Maurice, 4 février 1888.

« Monsieur le Rédacteur en chef,

« En publiant certains détails sur le drame exceptionnel dont je suis la victime, vous pouvez égarer l'opinion publique.

« Quelques personnes et moi seulement pouvons faire jaillir la lumière et triompher la vérité; mais nous ne le pouvons qu'à condition d'obtenir qu'on traduise devant la cour d'assises d'autres personnes qui, toutes à des degrés divers, consciemment ou inconsciemment, ont été compromises dans cette affaire.

« Ceci explique ma séquestration aussi légale (*sic*) qu'arbitraire, ainsi que le jugement d'interdiction dont je viens, sans beaucoup d'espoir, d'interjeter appel.

« Si vous voulez bien m'honorer d'une visite, monsieur, vous comprendrez qu'il a été publié à mon égard des appréciations inexactes et des récits erronés ; vous augmenterez d'autre part, j'en demeure convaincu, le nombre des honnêtes gens qui m'honorent de leur estime et de leur sympathie, qui me plaignent sincèrement, mais qui, hélas ! ne peuvent rien oser pour changer une situation aussi cruelle qu'imméritée.

« En attendant votre visite, veuillez agréer, monsieur le Rédacteur en chef, mes salutations.

« PAUL ROUSSILHE »

Détenu à la maison nationale de Saint-Maurice,
près Charenton (Seine).

— Non, je ne suis pas fou, continue M. Roussilhe, je le deviendrai peut-être ; mais je ne le suis pas encore et je veux être à même de le prouver. Je veux rentrer dans le monde, y occuper le rang auquel j'ai droit. C'est quand on se sent condamné par l'opinion publique qu'on comprend toute l'importance de celle-ci. Mon plus vif espoir serait de reconquérir la faveur qu'elle m'accordait jadis.

Il disait cela d'une voix saccadée, mettant une sorte de *han* après chaque membre de phrase, ayant toujours les mains derrière le dos, — comme pour ne pas voir celle qui a tué.

A côté du lit, il y a sur le mur un carré de papier sur lequel sont écrits au crayon bleu les mots suivants :

Mort de mon père (suit une date dont je ne me souviens plus).

Drame de La Fage : 17 septembre 1885.

Mort civile : 4 février 1888.

Mort réelle : (Ici, naturellement, pas de date).

— Ce que vous regardez là, me dit-il, c'est toute ma vie. Avec la mort de mon père commence le plus épouvantable des drames, un drame que je ne peux pas révéler parce qu'il ferait trop de victimes, un drame tel que jamais le *Figaro* n'en a raconté de semblable. Mais je me tairai, dussé-je éternellement rester ici. Ce qu'il faut voir *en tout*, monsieur, ce sont les causes. Les discerne-t-on jamais? Je suis ici, par exemple, en vertu d'une loi, celle de 1838. Mais cette loi, qui l'a faite? On ne peut même pas dire que ce soient ceux des législateurs qui l'ont votée. Elle émane d'un courant d'opinion dont la source même est inconnue, de réclamations multiples. Ses auteurs sont innombrables. De même, il y a plus de cent personnes qui sont responsables du drame de La Fage. Si c'est un grand malheur d'être pauvre, c'en est un plus grand d'être trop riche. En tout cas, monsieur, dites bien que je ne suis pas un assassin. J'ai pris un couteau et j'ai tué ma maîtresse. C'est un fait. Mais de là à être un assassin, il y a loin. Je suis un meurtrier. C'est tout. C'est trop.

Et toujours le *han* pour finir chaque phrase.

— J'ai le malheur d'être très violent. C'est peut-être mon seul défaut. Ma maîtresse était là devant moi...

— Vous l'aimiez ardemment, paraît-il?

— Jamais femme n'a été plus aimée qu'elle. Je l'eusse certainement épousée. Mais cela, pas seulement par amour. Mes ennemis lui reprochaient sa conduite antérieure. J'aurais été heureux de leur faire pièce. Oui, je l'aimais.

J'écoutais bien la voix. J'aurais été heureux de trouver dans les intonations l'émotion qu'eussent dû amener de tels souvenirs.

— Oui, reprit M. Roussilhe, une querelle terrible a éclaté. Valentine m'a dit des choses... qui devaient me rendre jaloux, des choses qui *devaient* absolument m'exaspérer...

— Vous avez l'air de croire qu'elle répétait une leçon enseignée?

— Je ne dis rien, je ne veux rien dire, sinon que j'ai pris un couteau et que j'ai frappé, comme je prendrais instinctivement un objet quelconque pour vous frapper si une querelle éclatait entre nous. Où voyez-vous là un assassinat? L'assassinat est prémédité, voulu. J'aurais donné ma vie pour que Valentine n'eût pas une égratignure. Le juge d'instruction d'ailleurs l'a bien compris. Il n'eût pu m'inculper que de coups et blessures ayant occasionné la mort. Ou plutôt...

Et ici la voix s'assombrit.

— Ou plutôt je rentrais dans les cas, prévus par la loi, où l'homme n'est pas responsable du meurtre. Mais ne parlons plus de ces choses. Il y a eu ordonnance de non-lieu. Le meurtre n'est plus en cause. Ne parlons que de mon interdiction, absolument illégale, puisque je ne suis pas fou. On n'a le droit d'interdire que ceux qui ne sont pas à même de gérer leurs affaires. Or, qu'on m'en rende le gouvernement et l'on verra. Sorti de ce tombeau à l'usage des vivants, j'aurai pour premier soin de chercher à effacer, et par ma parole, puisque je suis avocat, et par ma fortune, puisqu'elle me sera rendue, cette épouvantable loi de 1838, en vertu de laquelle des parents ont le droit de nous enterrer vifs, des médecins ont le droit de nous tuer au nom de la science et par la science.

La porte s'ouvrit. C'était un ami, M. de... qui s'écria en entrant :

— Tu as reçu ma dépêche, Paul?

— Oui, et elle m'a coûté cher!.

— Comment cela?

— Tu m'avais dit que tu viendrais hier à deux heures. C'était un rendez-vous ferme. Quand on donne un rendez-vous ferme à quelqu'un qui est ici, on y vient, ou on l'expose…

— A quoi?

— Je ne veux point le dire. Sache seulement que le moindre détail transforme une maison comme celle-ci en enfer du Dante. Heureusement, j'en sortirai. Je vais créer un grand mouvement de presse. J'inviterai les journalistes à venir me voir. Ils jugeront.

Ai-je dit tout? J'ai tâché de me rappeler les phrases principales d'une conversation qui a duré une longue heure. J'en ai cité un assez grand nombre pour qu'on puisse juger du cas de M. Paul Roussilhe. Évidemment, sa conversation n'est pas celle d'un aliéné vulgaire; on pourrait causer longtemps avec lui sans le croire malade. Toutefois, on a certainement remarqué avec quelle facilité il admet l'ordonnance de non-lieu en se refusant à comprendre qu'on ne l'a prononcée qu'après la déclaration des médecins.

Maintenant, est-il assez malade pour être privé de la liberté, pour être enfermé dans une maison qu'il sait être Charenton?

On a le droit de se demander si, dans le cas où il pourrait être retenu par une amitié solide dans ses grandes propriétés du Cantal, il ne recouvrerait point entièrement la raison...

Je prends congé de lui. Par la porte entre-bâillée, il me jette ces derniers mots :

— Vous allez *librement* rentrer à Paris, monsieur. Dites bien à vos amis, dites bien à vos lecteurs que la loi de 1838 les menace tous...

X .

Madame Dieulafoy

Le mercredi, 20 octobre 1886, à deux heures, le ministre de l'instruction publique, qui s'appelait alors M. Goblet, se rendait au Louvre, entrait dans le musée assyrien et se faisait ouvrir la petite porte d'un des ateliers qui dépendent du musée.

Il était accompagné de Mme Goblet, de son sous-secrétaire d'État, de M. de Ronchaud, directeur des musées du Louvre, aujourd'hui décédé, des conservateurs du Louvre, etc.

Dans l'atelier se tenaient M. et Mme Dieulafoy, MM. Babin, ingénieur des ponts et chaussées, et Houssay, docteur ès sciences, quatre explorateurs qui, récemment revenus d'une mission en Susiane, étaient occupés à classer les reliques artistiques qu'ils en ont rapportées.

Le travail n'était pas facile. Il fallait prendre

une à une de nombreuses pierres détachées de trois frises ayant quatre mètres sur douze, chercher sur des aquarelles la place qu'elles devaient occuper, enfin les y faire mettre. Deux des frises, pourtant, étaient déjà à peu près terminées.

Bien que les pierres ne fussent pas encore nettoyées, l'effet était déjà surprenant. On avait devant soi, sur deux murailles du palais des rois perses, huit guerriers de grandeur nature au teint brun, au profil régulier, au grand œil noir, à la barbe en spirale, aux vêtements merveilleux.

Chacun d'eux tient en main une lance gigantesque.

Après avoir admiré ces frises, M. Goblet félicita les explorateurs, particulièrement Mme Dieulafoy qui, avec un courage viril, une expérience consommée, a su, sous la haute direction de son mari, conduire à son tour les travaux de déblaiement, poussés à huit mètres sous terre, suivre les filons, prendre à l'aquarelle le dessin de chaque pierre trouvée, réunir ensuite tous les dessins, reconstituer le palais antique.

C'est au péril de sa vie que Mme Dieulafoy a pu accomplir cette œuvre savante. Vêtue en homme, montée sur un mulet, le fusil en bandoulière, elle a dû, pour se rendre en Susiane, accompagnée seulement de son mari et des deux autres membres de la mission, MM. Babin et Houssay, traverser des tribus dangereuses, particulièrement celle des Beni-Lam, entre les mains de qui la petite troupe serait certainement restée sans la supériorité de ses armes.

Il est vrai que l'exploratrice n'en était pas à ses débuts militaires. Mariée en mai 70, à l'âge de dix-sept ans, elle a fait avec M. Dieulafoy, alors capitaine du génie, la campagne de France.

Depuis quelques années déjà, M. Dieulafoy est chevalier de la Légion d'honneur. Le Ministre de l'instruction publique a estimé que le zèle, le courage et la science de sa principale collaboratrice méritaient récompense égale. Aux applaudissements de tous, il a remis à l'exploratrice les insignes de la Légion d'honneur.

Le *Journal officiel* du lendemain a publié le décret suivant, rendu par le Président de la République :

« Mme Dieulafoy (Jeanne-Rachel-Paule Maigre) est nommée chevalier dans l'ordre national de la Légion d'honneur. Mission de Susiane, 1881-1886; découvertes et travaux archéologiques. »

Avant de se rendre en Susiane, le nouveau chevalier avait déjà exploré toute la Perse.

Mme Dieulafoy possède non seulement la langue,

mais encore les idiomes du pays. C'est ainsi qu'elle a pu, en Susiane, engager quatre cents ouvriers, soit Arabes, soit persans, qui, sous ses ordres, ont creusé le sol et recueilli les mille objets qu'elle a rapportés : pans de murailles, lions émaillés, taureaux gigantesques, cachets, vases, pierres gravées, inscriptions cunéiformes, etc.

Les frais de la mission de Susiane s'élèvent en tout à cinquante-trois mille francs. Or, les deux cent quatre-vingt dix-sept pierres gravées qu'elle a données à l'État valent, au prix marchand, soixante mille francs.

Quant aux guerriers, grandeur nature, quatre seulement d'entre eux ont été estimés par M. Feuardent, l'expert si connu, un million tout net.

D'après l'ensemble des renseignements fournis directement par les fouilles et par les inscriptions, ces bas-reliefs émaillés proviennent d'un palais bâti par Darius, détruit par Xerxès, reconstruit par Artaxerxès. Les décorations murales qu'on peut voir maintenant au Louvre appartenaient au premier palais.

Ceux qui croiraient qu'une exploratrice qui a bravé ainsi les climats, les agressions continuelles et qui, pendant cinq ans, a vécu sous la tente, en plein désert mal hanté, est au moins une virago aux membres de fer, au corps indomptable, se tromperaient étrangement. Mme Dieulafoy qui, tout dernièrement, en escortant à cheval sur près de 1,600 kilomètres les 300 caisses de la mission, a supporté des chaleurs de 40 degrés à l'ombre et de 72 degrés au soleil, est agée de trente-six ans à peine. C'est une blonde, à la physionomie délicate. Elle est tellement sensible que l'apparat avec lequel le ministre lui a remis le ruban si bien mérité l'a rendue malade et qu'elle n'a pu recevoir, le lendemain, les innombrables visiteurs qui eussent voulu se faire gloire de la féliciter.

Nous saluons en elle un coufrère qui, dans le *Tour du monde,* a publié des travaux remarquables.

Elle a fait paraître, depuis, le récit de sa mission, qui est des plus intéressants. Elle y a ressuscité les splendeurs persanes, reconstitué le règne de Darius et sa vie somptueuse.

Nous pouvons maintenant contrôler au Louvre, en visitant les merveilles qu'elle y a mises, la véracité des récits grecs qu'on prenait pour des fables. A la vue des très beaux guerriers qui ornaient les murailles de l'ancien palais de Darius, on est forcé de convenir qu'Homère n'avait point tort de vanter la beauté des « Ethiopiens du Levant, ces fils du Soleil ». Quand nous penserons aux moyens que devaient avoir les sujets de Darius pour élever de semblables palais, nous deviendrons plus modestes. Aucun édifice n'a jamais valu en magnificence celui que huit mètres de terre recouvraient encore il y a trois ans. Qui nous dit que la Tour de Babel, hélas! n'était pas autrement belle que celle de M. Eiffel? Celle-ci est en fer; l'autre devait être, comme les bas-reliefs rapportés par la mission, en terre cuite, en briques émaillées, étincelant au soleil.

XI

Verdi

Le collaborateur musical de la *Dame aux Camélias* (la *Traviata*) et du *Roi s'amuse* (*Rigoletto*) ne saurait être pour nous un étranger; c'est un Français de Paris. Et il est même plus Parisien qu'on ne le pourrait supposer…

Souvent, en effet, l'auteur d'*Aïda* vient à Paris : il descend chaque fois à l'Hôtel de Bade où il vit, non point à l'italienne, mais à la française. « Il mange, dit-il, assez de macaroni au-delà des Alpes! »

Très matinal, il sort dès qu'il est habillé et se promène jusqu'à l'instant du déjeuner, qui a lieu à dix heures. Où va-t-il? Nul ne le sait, car il est muet comme une « pause » sur ses faits et gestes. On l'a cependant rencontré, dans la même journée, au Bois, à la Bastille, au Panthéon. On le soupçonne de se livrer aux tournées du provincial. Parfois il s'avance, tête nue, humant à pleins poumons l'air peu oxygéné de la capitale. Qui ne le connaîtrait point et le verrait alors, se refuserait à croire qu'il a devant lui l'illustre maître italien. Son âge — soixante-quatorze ans — n'est un mystère pour personne; mais jamais visage n'a plus gaillardement menti à son extrait de naissance. Verdi a tous ses cheveux, qui grisonnent à peine. Sa figure, qu'on dirait taillée dans le marbre, ignore encore les rides. Son œil, d'un noir bleu, a l'ardeur de la vingtième année et les éclairs du lyrisme.

Après le déjeuner, il se met au piano, pressé qu'il est de profiter, Parisien pur sang, de tout ce que Paris a mis en lui. La vue de nos monuments, de nos hautes maisons, de nos longues avenues, l'a toujours inspiré. Paris est pour lui un bienfaiteur. C'est au milieu de nous, dans un voyage d'agrément remontant à quinze années, qu'il écrivit cette admirable messe de *Requiem*, qu'on a entendue, en 1876, à la salle Ventadour, après les représentations d'*Aïda*.

Le maestro n'a pas ce seul point de ressemblance avec Sardou, qui vient fouler du pied l'asphalte du boulevard dès qu'à Marly-le-Roy l'inspiration lui fait défaut. Quand, avant la première représentation d'*Aïda*, Verdi avait transcrit sur le papier les mélodies rencontrées dans

la rue, il courait au Théâtre-Italien ; il inspectait
les décors, les costumes ; il expliquait au régis-
seur la mise en scène qu'il rêvait.

On se souvient que, chaque soir, il dirigeait
lui-même l'orchestre. Les musiciens l'adoraient
et disaient à qui voulait l'entendre que nul ne
conduit aussi magistralement, aussi *clairement*
que lui.

Après être resté deux mois au milieu de nous,
il est retourné à Bussetto, près de Parme, où il
possède d'immenses propriétés dont il est très
soucieux. Il les fait valoir lui-même et ne dé-
daigne point d'aller causer avec ses fermiers,
qui lui réservent d'ailleurs les plus douces flat-
teries. Ils savent par cœur ses mélodies et c'est
sur des airs de son répertoire que leurs bœufs
traînent la charrue.

En avril et mai 1876, deux de ses interprètes,
Mmes Stolz et Wadman, habitaient comme lui
l'hôtel de Bade. Trop heureux s'il n'y avait rencontré qu'elles ! Mais on n'imagine pas à quel
point il était assailli dans cette osteria de visites
sans motif sérieux.

Il y a un type qui ne sera jamais éteint, celui
du possesseur d'album. Chaque jour, on venait
dix fois demander un autographe à Verdi. Fatigué de ces sollicitations absorbantes, il avait

imaginé un moyen ingénieux d'en diminuer le nombre.

Il faisait demander par le garçon d'hôtel 25 francs aux gens non titrés et 50 francs aux gens titrés, — *pour les pauvres.* Hélas! presque tous les porteurs d'albums demandaient à réfléchir.

Alexandre Dumas disait à ces gêneurs en pareille occurrence :

— Vous voulez un autographe de moi? Il y en a à votre service chez tous les huissiers de Paris, et vous pouvez être sûr de leur authenticité, puisqu'ils sont protestés.

XII

Matinée pauvre

Chaque jour, au milieu des artistes ou des bourgeois cossus, on voit descendre de Montmartre, par les rues Blanche, Notre-Dame-de-Lorette et des Martyrs, une véritable armée de pauvres diables, grelottant le froid, ayant le pantalon frangé, les bottes éculées, qui viennent demander à la grand'ville ou une place ou au moins la nourriture de la journée.

On sent, à les voir, que beaucoup ont le ventre vide.

— Non, il ne se peut pas que, dans une cité comme Paris, un être humain ait faim! se sont dit quelques-uns de ceux qui les rencontraient le plus souvent, — des habitants du neuvième arrondissement.

Et ils se sont concertés, ont formé un comité, ont cherché les moyens de donner des forces à ces malheureux.

Puissamment aidés par leur président, M. Ducourau, ils ont loué un terrain à l'angle des rues de Maistre et des Grandes-Carrières. A peu de frais, sans bénéfice, M. Loiseau, architecte diplômé du gouvernement, a construit un hall fort bien aménagé, divisé en quatre parties : une cuisine, un réfectoire, une salle d'attente pour les hommes, une autre pour les femmes. L'établissement est ouvert, chaque matin, à neuf heures.

A toute personne qui se présente, on donne une ration de pain de 250 grammes et une pleine gamelle de café chaud. Entrez, entrez, les pauvres! On ne vous demandera ni votre opinion, ni même votre nom. Tant qu'il y aura, vous aurez.

Dans le courant de l'hiver de 87-88, j'ai passé là une matinée en compagnie de MM. Souviron et Heiser, membres du comité. Si j'ai été ému, qu'on en juge.

Les deux salles d'attente, absolument combles. Au dehors, les pieds dans la neige, des centaines d'individus s'entassant, pour avoir moins froid. L'emplacement ne permet que de faire entrer cinquante personnes à la fois. On commence par ouvrir la porte des femmes. Les voilà. Il en est de tous les âges. Deux, très jeunes, sont fort jolies. Il y a donc des malheureuses qui reculent encore devant les profits ignominieux du trottoir? Sur une table sont les cinquante gobelets que possède l'établissement. On invite les femmes à les prendre, à défiler devant une autre table où on distribue le pain, puis à aller s'asseoir sur les bancs qui garnissent la salle. Tranquillement elles mangent, quelques-unes avec gloutonnerie. Quand elles ont fini, un employé passe devant elles et emplit leurs gamelles de café. Une vieille se chauffe les mains contre son gobelet brûlant. Mais elles se hâtent, elles savent qu'il y a de l'autre côté du mur de nombreux camarades qui attendent. Elles lavent vite leurs gamelles et se sauvent.

Au tour des hommes. Il en est qui, en recevant le pain, disent : « Merci ». La plupart ont l'air honteux. Tête basse, ils vont s'asseoir silencieux.

Le silence d'ailleurs est la grande caractéristique de l'établissement. Un silence d'église. Ici jamais de scandale. La police a proposé des agents. Le directeur a répondu : « A quoi bon! » A mon grand étonnement, ces malheureux ne sont pas trop mal mis. On voit qu'ils ont l'habitude de la propreté, mais ils n'ont pas d'ouvrage pour le moment... Sur un banc, un homme s'effondre. Il paraît qu'il y a ainsi tous les jours deux ou trois malades. Celui-là a trop faim. Le cas est prévu. On va lui chercher un verre de vulnéraire.

Autre fournée de femmes. Une d'elles s'approche de la donneuse de pain et lui murmure quelques mots à l'oreille. A celle-ci l'employée demande son nom et va l'inscrire sur un registre, au-dessous de ces mots : « Veston ou bottines. » C'est ce que la femme a demandé pour son mari. Les membres du Comité en effet envoient là leurs vieux habits. On les donne à qui les désire, mais après renseignements.

Et, en une heure et demie, je vois ainsi passer huit cent deux personnes. Tout à coup on ferme les portes. Il n'y a plus de pain! Et, derrière, deux cents personnes encore attendent. Je vais au milieu d'elles. Comme un glas de mort, retentit ce mot : « C'est fini! » Heureusement M. Ducourau, le président, est là. Il ne veut pas que je me retire sur cette mauvaise impression. Il envoie, de ses propres deniers, acheter cinquante livres de pain.

Mais chacun est forcé de compter avec ses ressources. Celles du Comité sont bornées. Il faudrait au moins de 4 à 5.000 francs par mois et le Comité n'en a que 2.500. Aussi, est-on forcé de fermer souvent à onze heures l'hospitalière maison qui, réglementairement, ne devrait l'être qu'à midi.

Grâce à M. Ducourau, les portes ont donc été rouvertes. Du milieu des ouvriers sans travail, se détache un homme à la redingote très propre, au chapeau haute forme. Le directeur le prend à part. Il trouve, peut-être, que l'établissement n'est pas fait pour des gens si bien mis. L'homme se contente de dénouer son foulard. Il a une chemise de quinze jours dont la boutonnière ne tient plus. C'est un professeur de français qu'on a remercié...

Sur une table est un registre que les visiteurs ont le droit de feuilleter. La maison a été ouverte le 20 novembre. Ce jour-là, on a reçu 190 personnes. En décembre, on en a reçu 20,377. En janvier, 21,668. Et j'ai expliqué comment, presque chaque jour, on a été forcé de fermer les portes avant l'heure...

Non. L'effet que m'a produit ce mot : « C'est fini ! » je ne l'oublierai jamais. Aussi serais-je vraiment heureux d'apprendre que, grâce à la charité privée, le réfectoire populaire créé à Montmartre par les habitants du neuvième arrondissement, au n° 4 *bis* de la rue des Grandes-Carrières, n'a plus besoin d'être fermé.

8

Le Comité, d'ailleurs, caresse le rêve de l'ouvrir même la nuit aux sans-logis.

Il suffit, après tout, de bien peu d'argent pour transformer en amis les souffreteux de Paris. Un seul client s'est permis de tracer une inscription dans la salle d'attente, et la voici : « C'est ici la maison de la fraternité ! » Il ne doit pas être bien méchant, l'homme qui a écrit cela...

XIII

Le docteur Castelnau

En apprenant à la fin de septembre 1887 que
mon ami, le docteur Castelnau, venait d'être
arrêté sous l'inculpation de substitution de cadavre au préjudice d'une compagnie d'assurances, Henri Rochefort, Benoît Malon, Alphonse
Humbert, la citoyenne Séverine, tous les membres enfin du parti révolutionnaire commencèrent par douter de ce qu'avaient lu leurs yeux,
entendu leurs oreilles.

Quoi! le docteur Castelnau, ce brave
homme qui depuis cinquante ans soigne gratuitement les pauvres, un voleur! Non, ce n'est
pas possible.

Je sais que, moi-même, j'ai douté.

Depuis quelque dix ans, je connaissais celui
qu'on appelait « le docteur », bien que, d'après
quelques-uns, il ne le fût pas.

Après avoir souvent rendu compte de ses discours dans les réunions publiques, je me trouvai un soir assis devant lui au banquet du 18 mars.

Il me reprocha gaiement de l'avoir parfois malmené.

— Mais je ne vous en veux pas, dit-il. Je suis pour la liberté absolue, même quand je lui sers de cible.

Il avait l'air d'un brave homme. Sa poignée de main semblait pleine de franchise et de loyauté.

Dans une réunion qui avait produit 270 francs et où il avait parlé presque tout le temps, je demandai à l'organisateur combien il donnerait là-dessus au citoyen Castelnau, que je savais pauvre :

— Mais pas un sou. Il n'accepterait rien, pas même l'omnibus.

En vérité, j'aurais confié au docteur la fortune de MM. de Rothschild. Oui, j'ai été très étonné. Il a bien fallu toutefois m'avouer vaincu par les preuves. Alors je me suis dit :

— Il doit y avoir au fond de cette affaire quelque acte de justice extra-légale. Quand on connaîtra mieux les choses, on apprendra des faits qui réhabiliteront le docteur.

Eh bien! pas du tout. Il est clair aujourd'hui

que Castelnau a volé, bien volé, rien que pour voler.

Et dans ma tête bourdonnent encore toutes les phrases sonores qu'avec son accent méridional il se plaisait à lancer contre les voleurs.

Les voleurs, selon lui, c'étaient tous ceux qu'on voyait au sommet de l'échelle sociale.

Un brigand de grand chemin : Napoléon III, dont il avait, très habile dans l'art de diagnostiquer, deviné la maladie, prévu la mort dès 1870. Le docteur a fait, à ce sujet, deux articles très circonstanciés dans le *Réveil* de Delescluze.

Un pillard : M. Thiers.

Des voleurs : Gambetta, Ferry, Rouvier.

Le futur condamné pour vol avait une marotte. Pour lui, tous ceux qui sur terre possèdent quelque chose ne sont que des escrocs.

« Vous habitez des logements insalubres, infects, disait-il aux ouvriers, pourquoi? Parce que des gens qui s'appellent capitalistes et qui vous ont exploités habitent d'immenses hôtels que vos mains ont édifiés. Le remède? Chassez ces intrus et prenez leur place.

« Vos femmes, vos enfants vont s'étioler dans les fabriques, vos petits sont rachitiques, vos épouses poitrinaires. Pourquoi? Parce qu'il faut que les femmes des voleurs portent des dentelles et passent leurs soirées à sourire aux damoiseaux. Remède : Suppression du luxe et retour de la femme à la vie de famille. »

En bon blanquiste, Castelnau concluait :

« La force seule vous rendra les biens que l'on vous a enlevés. Jusqu'au jour où vous aurez cette force, tous les moyens seront bons pour dépouiller les spoliateurs. »

Écoutez ce qu'il disait, le dimanche 16 octobre 1881, au Tivoli Vaux-Hall, dans un meeting contre ce qu'on appelait alors le grand ministère :

« Les apôtres de l'Évangile selon saint Léon raconteront que nous sommes ici quelques douzaines d'esclaves ivres et de souteneurs de filles. Comptons-nous. Nous sommes quatre mille. Quand un pays est conduit par un idiot comme celui qui nous préside ; quand il a vu un autre citoyen surgir, pauvre, de la foule et avoir, après dix années, *les poches pleines d'or* et de la graisse à en revendre à tous les charcutiers de Paris, des réunions comme celle-ci sont rigoureusement nécessaires. *Il y a tous les jours dans les cités des brigands qu'on arrête.* En matière financière, on les appelle un syndicat... »

Outre ses rares articles dans l'*Intransigeant* et ses travaux gratuits dans la *Revue socialiste* et au journal le *Peuple*, organe hebdomadaire blanquiste, le docteur Castelnau faisait dans les groupes révolutionnaires de nombreuses conférences sur ce qu'il appelait l'*Hygiène sociale*.

D'après ce qui précède, on se doute de la façon dont il la comprenait. Selon lui, l'hygiène sociale consistait tout d'abord en un renversement général des choses : les riches contraints de rendre aux pauvres tout ce qu'ils leur ont volé.

Armé de telles théories, il devait fatalement accueillir, avec reconnaissance même, les ouvertures du baron Scheurer.

On comprend le travail qui, dès la première proposition, s'est fait dans son esprit.

Deux ans avant son vol, salle Lévis, ne disait-il pas dans une réunion présidée par le général Eudes :

« Qu'est-ce qu'une compagnie d'assurances, sinon la réunion anonyme d'une bande de capitalistes, d'exploiteurs? Des milliers de nigauds donnent chacun dix francs par an, *et à coup sûr*, pour que de temps en temps l'un d'eux soit contraint de faire un procès en vue de jouir du bénéfice légitime de l'assurance. »

La justice s'est donc trouvée en face d'un de ces phénomènes qui relèvent surtout de l'ordre moral.

A force de ne voir partout que des voleurs et

de les dépeindre triomphants, non seulement dans ses écrits, mais encore dans ses discours, — et cela presque chaque soir — le docteur Castelnau en est certainement arrivé à se reprocher lui-même sa propre misère et à s'accuser « de ne pas avoir fait comme les autres ».

Il faut voir là positivement un cas d'auto-suggestion.

Né noble et riche, mais bientôt ruiné, victime à dix-sept ans du pistolet que l'amour lui avait mis à la main, défiguré à jamais, vaincu éternel malgré une science incontestable, tellement abîmé à l'âge de soixante-douze ans par un eczéma épouvantable que les gamins le poursuivaient à coups de pierre et qu'il dut un jour, pour se débarrasser d'eux, tirer *en l'air* des coups de revolver, le docteur Castelnau, resté jeune malgré son âge, mais redoutant l'avenir, se fatigua d'être « exploité », comme il disait.

Chez un homme volé, le sentiment qui domine, c'est de recouvrer, par tous les moyens possibles, ce dont on l'a dépouillé. La force ou la ruse, voilà les deux seuls moyens.

Castelnau, vieux, faible et isolé, a choisi le dernier.

Il a fait de « l'hygiène sociale » à sa manière, que je constate sans la recommander.

Ce n'est pas en vain que, pendant un demi-siècle, on prêche la guerre de classes ; ce n'est pas en vain qu'on paraphrase, au milieu des acclamations, le mot de Proudhon : « La propriété, c'est le vol. »

Je n'ai pas à défendre Castelnau, mais certainement la justice eût dû tenir compte des théories qui l'ont amené à commettre l'acte qu'il expie aujourd'hui.

J'ai souvent parlé du danger des réunions publiques qu'autorise la loi.

Aux grandes heures, on verra pousser la graine semée dans les meetings.

Présentement, c'est l'un des semeurs, c'est le docteur Castelnau, qui est victime de son œuvre.

Et pourtant la conscience est si solide en nous que j'ai entendu ceux-là mêmes qui applaudissaient l'orateur quand, après avoir flétri les voleurs, il excitait à la revanche par le vol, dire avec stupéfaction :

— Il a volé ! Lui, lui !

« Évidemment il ne pourra, lui qui a la parole si facile, s'empêcher de parler devant la cour. »

Oui, voilà ce que, moi, je me disais.

Je m'attendais à ce que sa défense, surtout s'il avouait, fût bien curieuse !

Elle a été piteuse.

Mais je me rappelle la réflexion que faisait un jour devant moi un communard qui, lui non plus, n'avait pas été bien brillant devant ses juges :

— Le premier crime de la justice est d'amoindrir à la minute, en les terrorisant, ceux qui comparaissent devant elle...

XIV

Le docteur Desprès

Bien que sincèrement républicain, le docteur Armand Desprès s'est toujours montré dans les questions humanitaires un conservateur endurci. C'est lui, tous nos lecteurs le savent, qui, conseiller municipal du quartier de l'Odéon, a défendu si énergiquement les pauvres sœurs contre la laïcisation.

Ses efforts n'ont malheureusement pas abouti. Aujourd'hui le crime est consommé ; il ne reste plus de sœurs que dans les établissements qui ont été créés par des particuliers à la condition expresse qu'ils seraient toujours administrés par des religieuses : l'Hôtel-Dieu, par exemple, et l'hôpital Saint-Louis.

De même, il y en aura statutairement dans les asiles Boucicaut, Debrousse, Galignani, Rossini, etc.

Mais cela ne saurait suffire au docteur Després. On a remplacé à la Pitié, à Necker, à Cochin, etc., les sœurs par des laïques ; il continuera à lutter jusqu'à ce qu'on ait remplacé les laïques par des sœurs. Plus que toutes les autres, sa voix est autorisée puisque, en sa qualité de chirurgien d'un hôpital laïcisé — la Charité — il est à même de constater, chaque jour, les défauts de la laïcisation.

« Il y a, dit-il, des chiffres devant lesquels on est forcé de réfléchir. Dans mon service, du temps des sœurs, la mortalité était de 1 0/0. Depuis qu'il y a des laïques, elle est de 5 0/0. Pourquoi, parce que les sœurs ne quittaient jamais l'hôpital, parce qu'elles accouraient au premier appel des malades, parce qu'elles n'accomplissaient pas une profession, mais un devoir.

« Les laïques, au contraire, ne prennent le métier d'infirmières que parce qu'elles n'ont pu en trouver un meilleur. Elles sont, pour la plupart, « le rebut de la domesticité ». Mes collègues de l'Hôtel de Ville prétendent qu'elles font bien leur service ; ils racontent qu'ils les trouvent dans les hôpitaux chaque fois qu'ils y vont. C'est la vérité, qui n'a rien d'extraordinaire. La visite des conseillers est toujours signalée. Alors, à leur approche, on fait balai neuf. Mais je sais bien « qu'on les met dedans », moi qui ne me contente pas d'aller à la Charité aux heures réglementaires, et qui me fais un devoir d'y tomber comme une bombe dès que j'ai un moment, à sept heures du matin ou à minuit... »

En me parlant ainsi, un matin de septembre 1888, le docteur déjeunait. Je vais donner son menu, car il est toujours intéressant de savoir comment un médecin mange : « Deux œufs sur le plat ; un bifteck ; un petit fromage suisse ; une bouteille de bière très blonde ; une tasse de café très fort ; un verre de chartreuse ; un petit londrès. »

« Vous remarquerez, dit-il, que je fais tout le contraire de ce que je recommande à mes clients. Je ne mange pas ; je dévore. »

Le docteur ne reste pas en effet un quart d'heure à table.

Et, tout en fumant, le voilà qui remonte sur son dada. J'étais venu le voir à propos d'une lettre adressée par lui la veille à la *Gazette des Hôpitaux*, et résumant ses griefs contre les infirmières.

« Je m'étais promis, reprend-il, de ne plus m'occuper de la question avant la rentrée des conseillers, mais un journal a publié sur les laïques des renseignements tellement faux que j'ai cru devoir reprendre tout de suite position. Dans un post-scriptum, je faisais remarquer que l'administration avait jugé à propos d'afficher sur les murs des salles cet avis : « Il est interdit aux malades de donner de l'argent aux infirmières. » Jamais on n'aurait eu besoin de mettre un tel avis du temps des sœurs. Ces braves filles se contentaient des 200 francs qu'elles recevaient *par an*. Les laïques ont de 700 à 900 francs quand elles sont logées, de 1,500 à 2,000 quand elles demeurent dehors. Cela ne leur suffit pas. Aussi acceptent-elles très bien les pièces de cent sous que les parents des malades leur glissent dans la main les jours de visite. Le malheur est même qu'elles soignent, proportionnellement à l'importance des pourboires qu'on leur donne. Je n'avance naturellement que des faits que je puis prouver. L'administration, d'ailleurs, s'est tellement émue de mon post-scriptum que, douze heures après sa publication, toutes les affiches étaient enlevées... Mon observation avait porté.

« Je ne me lasserai pas de répéter qu'une laïque coûte 66 0/0 de plus qu'une sœur pour nous rendre 200 fois moins de services. Les laïques se déclarent débordées. Aussi en a-t-on mis dans certaines salles trois à la place d'une Sœur, ce qui coûte alors à la Ville 198 0/0 de plus, sans compter la nourriture. A la tribune du Conseil municipal, je dirai qu'une fois j'ai constaté que quatre laïques étaient absentes; je dirai même où était l'une d'elles... Oui, « rebut de la domesticité ou filles de brasserie », telles sont les laïques.

« Voulez-vous que nous prenions encore des chiffres? Je n'ai pas à insister sur les progrès de la médecine et de la chirurgie, sur l'amélioration des hôpitaux. On devrait donc perdre moins de malades aujourd'hui qu'autrefois. Eh bien! écoutez. En 1845, on perdait 2 malades sur 27. Aujourd'hui l'ensemble des hôpitaux en perd 2 sur 22. On répliquera que, dans les salles d'accouchement, on perdait, en 1845, une femme sur 35, tandis qu'on n'en perd aujourd'hui qu'une sur 104. C'est vrai. Seulement il faut dire qu'autrefois on considérait comme une honte d'accoucher à l'hôpital. Il n'y avait dans nos salles que de malheureuses créatures épuisées, sans ressort, ayant même, par certaines pratiques, tenté de détruire en elle la maternité. A présent, au contraire, la femme vient à l'hôpital comme le mari va au cabaret ou au café. Nous recevons — à tort, je le sais, car jamais la protection n'a commis plus de délits — nous recevons des fruitières, des épicières, de véritables petites bourgeoises qui nous arrivent dans d'excellentes conditions et font bénéficier nos statistiques de l'état florissant de leur santé. Imputer cette amélioration aux soins des laïques ou des sœurs, ce serait mentir, ou tout au moins méconnaître les mœurs modernes.

« Oui, ces femmes qui ont abandonné — pour venir, contre toute justice, prendre à l'hôpital le lit d'une pauvresse — un milieu absolument hygiénique, y retournent en toute santé. Mais quittons la Maternité ou la clinique d'accouchement. Entrons aux Enfants-Assistés. Là, depuis le remplacement des sœurs par les laïques, la mortalité a quintuplé. C'est que les nouveaunés — surtout ceux qui sont entassés là — exigent des soins incessants et que les Sœurs, ces dignes vierges, sont des mères exquises.

« Tout le monde d'ailleurs sait cela, même ceux qui me combattent au Conseil municipal. Par malheur, cette question de laïcisation a été pour la plupart de mes collègues une plateforme électorale. J'entends encore ce mot que me disait M. Pichon, quand il était conseiller municipal :

— Vous avez absolument raison, mais, que voulez-vous! Nous ne pouvons, nous autres radicaux, lâcher la question de la laïcisation parce qu'alors « les opportunistes la prendraient... »

« Oui, pour mes collègues du Conseil municipal, le renvoi des Sœurs, la santé de nos malades pauvres, pure affaire de politique. »

Il est heureux pour la dignité de Paris que l'honorable docteur soit résolu, quoi qu'il arrive, à ne jamais désarmer. C'est qu'il va jusqu'à faire, du retour des Sœurs, une « véritable question de salut public ».

Et ce n'est point moi qui lui donnerai tort.

XV

Dans les ruines

Qu'après dix-sept ans la Cour des Comptes soit encore un amoncellement de pierres calcinées ; que, sur l'un des plus beaux quais de Paris, se dresse, tout mutilé, ce pénible souvenir des luttes civiles ; que, dans l'enceinte où le terrain vaut si cher, on laisse si longtemps dix mille mètres carrés improductifs, en vérité, c'est bien le comble de l'incurie, de la maladresse et de l'impéritie.

Rien que par le cruel tableau qu'offre ce palais abandonné, on pourrait juger de l'incapacité de nos gouvernants et du défaut de nos mœurs parlementaires.

Je me suis fait raconter, en juin 1888, l'odyssée de la Cour des Comptes. Elle est piteuse.

Quatorze fois, on a essayé de prendre un parti pour la reconstitution de ce monument perdu.

Son architecte, M. Moyaux, a été chargé de faire quatorze projets successifs. Il est fatigué d'établir des plans pour des destinations tellement différentes que, après avoir dressé ceux d'un Conseil d'État, il a dû approprier, sur le papier, ce qui reste du palais pour un lycée de filles!

Et, à l'heure qu'il est, rien encore n'est décidé. Pourquoi? Hélas! on ne le sait que trop, parce que, dès qu'un ministre a pris une détermination, il est remplacé par un autre qui n'a rien de plus pressé que d'en prendre une contraire.

Et, pendant que les hommes ne font rien, ce sont les oiseaux qui travaillent, apportant sur les plates-formes, sur les pans de murs, sur les paliers supérieurs, des graines qui, elles aussi, travaillent. Et voilà, ici, un figuier ayant bel et bien trois mètres de haut, et partout des fleurs. En trois endroits, il y a, par un mystère inexpliqué, de très beaux plants d'asperges...

Ne viens-je pas de voir la chose la plus invraisemblable, la plus imprévue du monde? Goûtant le frais dans l'angle de deux murailles, un peintre, en plein Paris, entre les grilles d'un palais, fait, d'après nature, un paysage! Autour de lui courent des chats. C'est là, en effet, qu'on apporte tous ceux dont on veut se sépa-

rer. Aussi n'y a-t-il pas un rat. Ce qui permet à
la Cour des Comptes, qui se trouve à l'étroit au
Palais-Royal, d'empiler ses dossiers, admirablement classés, dans les caves, restées intactes,
du vaste monument.

Au-dessus de nos têtes croassent des corbeaux. On n'a pas idée du nombre de ceux qui
se sont installés au haut du palais, dans les
parties qui ne sont accessibles qu'à eux. Mais
avançons.

Encore un peintre ! Par les beaux temps, il
en est toujours cinq ou six qui obtiennent la
permission de reproduire ces tas de pierres où,
de quelque côté qu'on se tourne, dans quelque
salle qu'on se mette, on rencontre un motif.
Les escaliers surtout sont étonnants à voir. Je
ne parle pas seulement de l'escalier d'honneur,
rendu peut-être plus grandiose encore par la
ruine qu'il ne l'était du temps où y triomphaient
les Chasseriau. Les escaliers de service, avec
leurs marches rongées, leurs murailles grises,
l'effondrement des parties supérieures, les
plantes qui ont poussé partout, sont d'un pittoresque qui dépasse le rêve.

Il faudrait, paraît-il, six millions pour rendre
à ce palais son ancienne splendeur. On en eût
certainement gagné une bonne partie en dix-

huit ans, par le seul établissement d'un guichet dans la loge du concierge, car le concierge y est toujours... Le même, entré là en 1868. Mais je comprends pourquoi le gouvernement, qui a déjà décoré six communards, interdit l'accès de ces ruines. Il est impossible de s'y promener sans ressentir une impression d'horreur contre les incendiaires qui ont fait cela.

En même temps que les corbeaux gémissent, on dirait que les pierres elles-mêmes se plaignent par les étranges bouches que leur a données la flamme. Les colonnes se dressent, squelettes incomplets, et les ferrures qui en sortent, crispées, font l'effet de poings menaçants.

Six millions! Oui, telle est la somme considérable que demanderaient les architectes de l'État pour guérir ces plaies. Certain ministre avait bien présenté un devis moins gros; il se serait contenté de 4 millions 300,000 francs: mais les fenêtres, les planchers eussent été en sapin au lieu d'être en chêne; les gargouilles, innombrables, eussent été en zinc au lieu d'être en plomb. Il y aurait eu économie dans les premières dépenses; en revanche, le sapin, surtout celui des fenêtres donnant sur la Seine, le zinc, eussent nécessité des réparations incessantes. On a renoncé au projet présenté.

Aujourd'hui, il en est un qui semble rallier tous les suffrages.

Il est tout rédigé. Il n'est pas encore déposé. Il le sera demain. Quand sera-t-il discuté, voté, exécuté ?...

D'après ce projet, l'État concéderait à la direction du Musée des Arts décoratifs la Cour des Comptes, pour une période de trente années, à la seule charge, par le Musée, de garder telle qu'elle est la façade du bord de l'eau.

On se souvient de la fameuse loterie des Arts décoratifs. Elle était de douze millions. Mais tous les billets n'en ont pas été pris ; les frais d'émission ont été considérables ; la Société a déjà consacré plus de deux millions à l'acquisition de dentelles, de meubles, de modèles, etc. Elle ne pourrait donc pas dépenser les six millions jugés indispensables pour la reconstitution absolue du palais. Elle serait autorisée à se servir du fer et à aménager à sa guise, pour ses besoins personnels, le monument. Elle a fait un projet, très joli, assure-t-on, dont l'exécution ne coûterait que deux millions et demi.

Si la Chambre votait tout de suite, on s'arrangerait de façon à être prêt pour l'Exposition de 89. Le Parlement, après que nous avons eu dix-huit ans de patience, se décidera-t-il enfin à donner du travail aux ouvriers, à rendre la vie à ce quartier désert, à supprimer, par l'effet d'un seul vote, ces ruines déshonorantes? Il y a deux ans, une commission de la Chambre a déjà repoussé un projet semblable. La Société des Arts décoratifs serait, cette année, pleine d'espoir si les raisons qu'on a, en 1886, opposées à la mise en œuvre du premier projet ne subsistaient pas toujours. On me prie de ne pas les révéler ; mais, vraiment ! elles sont trop peu sérieuses pour que nous n'en fassions pas éclater l'inanité.

Oui, il y a tout un groupe de vieilles barbes qui, pleines de respect pour leur Cour des Comptes, ne veulent pas admettre que l'enceinte qui a eu l'honneur de les encadrer serve à une autre institution.

« La Cour des Comptes sera la Cour des Comptes ou elle ne sera pas. » Voilà leur axiome, qui se peut ainsi traduire : « Votez six millions pour la reconstruction de notre palais. »

Par malheur, on sait la gêne de l'État. Ce n'est pas quand le budget va toujours se grevant qu'on votera la somme devant laquelle on a toujours reculé quand on avait cependant plus d'argent disponible.

En attendant, la Cour des Comptes délibère à côté du Conseil d'État, au Palais-Royal ; mais elle s'y trouve horriblement à l'étroit : elle a donc le plus vif désir de laisser ce palais au Conseil d'État et de se mettre plus commodément dans ses meubles.

Ce serait facile si, dans notre malheureux pays de France, la politique permettait de travailler. Depuis longtemps, la direction des Bâtiments civils, consultée par les intéressés, a désigné un monument abandonné où la Cour des Comptes serait splendidement installée.

Je veux parler du pavillon de Marsan, qui, réédifié en 1873, est encore inoccupé. Oui, le croira-t-on, pendant cinq ans on a travaillé au gros œuvre, maintenant terminé, de ce pavillon qui occupe un des plus jolis coins de Paris. Il n'est pas besoin de rappeler que, situé entre la rue de Rivoli et la place du Carrousel, il regarde, par l'un de ses côtés, l'admirable jardin des Tuileries, l'avenue des Champs-Élysées, l'Arc-de-Triomphe. De 1873 à 1878, on a jeté là sept millions et demi. Et pourquoi? Pour rien. Pardon. Pour loger des rats.

Sept millions et demi! Et le budget est en déficit. Et la France est fatiguée de suer des impôts. Et l'argent si péniblement amassé sert à ces inutilités. Et pas une voix, dans pas une de nos Chambres, ne s'élève pour protester contre ces vaines dilapidations. En vérité, c'est à croire que nous sommes gouvernés par des fous !

Après la dépense d'une telle somme, tout à coup on s'est arrêté. Il fallait encore cinq millions pour parachever, pour aménager le monument. Alors on a dit : « C'est assez ! »

Vainement la direction des Bâtiments civils a protesté. Vainement elle a revisé les devis et réduit à trois millions les frais de ce qui reste à faire. Le gouvernement a répondu : « Le pavillon de Marsan est joli à l'extérieur. Cela nous suffit. »

C'est vraiment d'une logique extraordinaire. Il importe peu que les ruines de l'ancienne Cour des Comptes nous rappellent la Commune; que la cour du Carrousel, avec ses éternels échafaudages, ait l'air d'un chantier de maçon. Ce qu'on voulait, c'était que le haut de la rue de Rivoli ne fût pas trop vilain. Les façades sont terminées. On s'est cru en droit de ne plus s'occuper du pavillon de Marsan et, au lieu de voter les *trois millions* nécessaires à l'achèvement du monument, en vue de son appropriation à la Cour des Comptes, on a cherché les moyens de fournir *six millions* pour la reconstruction de l'ancienne Cour des Comptes. O ma tête !

Si on racontait ces choses à des Canaques,

ils répliqueraient : « Mais c'est nous qui sommes civilisés ! » Notez que tout le monde, dans l'administration, se rend compte des sottises faites. Chacun se plaint et de l'inutilité des premiers travaux accomplis et de l'encombrement de certains bureaux et de l'incurie de la Chambre ; mais, chez nous, c'est très commode, on ne trouve jamais le coupable. Les bureaux accusent la Chambre qui accuse les commissions, qui accusent les ministres, qui accusent le pays. Cela n'en finit pas.

En attendant, on ne fait rien.

Quant au pavillon de Marsan, imaginez quatre grands murs, hauts de cinq étages. Ces murs sur les quatre côtés sont doubles et encadrent cinq étages de bureaux, de salons.

Au milieu, rien. Un immense hall surmonté de deux toitures vitrées habilement superposées.

Un vide ayant cinq étages de haut.

Apparaît seulement la carcasse d'un gigantesque escalier qui, lorsqu'il sera terminé, partira du sol pour arriver, avec de larges paliers, dans le salon d'honneur établi au sommet du monument, du côté du jardin des Tuileries.

« Le pavillon de Marsan, me dit l'un des hauts

fonctionnaires de l'administration, a vraiment l'air d'avoir été fait tout exprès pour la Cour des Comptes. Grâce à ses vastes paliers, l'escalier ne serait nullement fatigant. Par chacun de ceux-ci, on aboutirait aux bureaux, aux salons. Les soirs de fête, ce serait splendide. On aurait là comme l'escalier de l'Opéra, beaucoup plus élevé et très allongé.

Mais quand aura lieu la fête de l'inauguration?...

Au milieu de ces pierres qui attendent l'achèvement, on a la sensation du désordre et de l'incurie. On a froid, on a peur. Les ruines sont encore moins tristes à voir que les constructions abandonnées. L'enfant mort-né ne fait-il pas plus de peine que le vieillard éteint?

Et pourtant, voici bien la preuve qu'il serait nécessaire d'achever ce palais qui, depuis dix ans, est celui de la Belle au bois dormant. Dans tous les coins, sur toutes les pierres, sont des amoncellements de dossiers, les papiers qui ne peuvent tenir ni dans les étroits bureaux du Palais-Royal, ni dans les caves de l'ancienne Cour des Comptes!...

XVI

L'amiral Courbet

La journée du vendredi 28 août 1885, pourtant si douloureuse, a honoré la France.

On allait célébrer les obsèques de l'amiral Courbet.

Le ministère avait pensé que, jamais, il ne rendrait, avec assez d'apparat, un assez grand hommage au vainqueur de Fou-Tcheou.

Aussi la cérémonie promettait-elle, depuis plusieurs jours, d'avoir une magnificence oubliée à Paris. La religion allait lui donner la majesté qui manquait aux funérailles de Gambetta et de Victor Hugo.

Aux Invalides, les préparatifs étaient absolument merveilleux.

La porte extérieure, garnie, sur une longueur de 30 mètres, de tapisseries et de cartouches, était surmontée d'un immense demi-cercle ayant 8 mètres de large et 5 mètres de haut sur lequel se détachait, entouré de drapeaux, le vaisseau *le Bayard* ramenant le corps de Courbet.

La façade de l'église, dans toute la largeur de la vaste cour, était tendue d'étoffes de deuil frangées d'argent et chargées d'ornements.

Entre de nombreux faisceaux de drapeaux et huit écussons rappelant les principaux combats : KELUNG, PHU-SA, THUAN-AN, SHEIPOO, PESCADORES, SONTAY, FOU-TCHEOU, RIVIÈRE MIN, brillait, sept fois répétée, l'initiale du nom de Courbet.

Dans la galerie supérieure, cinq lampadaires à gauche, cinq à droite ; au milieu, entre les colonnes de l'église, entourées de draperies étoilées d'argent, quatre trépieds funèbres avec des flammes vertes et bleues...

Çà et là des palmes de laurier

A l'intérieur, l'église est toute tapissée de noir. Le plafond seul est resté blanc. Les tentures tombent de la haute cimaise sur laquelle s'appuient les drapeaux conquis.

Les couleurs multiples de ceux-ci se balancent, éclatantes, sur le fond noir. A droite, le pavillon triangulaire, aux couleurs de Chine, qui a été pris à Kelung.

Le catafalque, entouré de lampadaires et d'urnes, va presque jusqu'à la voûte. Aux quatre angles, devant des drapeaux frangés d'or, se détachent les statues emblématiques de la Religion, de la Foi, de l'Espérance et de la Charité.

Sur le cercueil, un drapeau voilé de crêpe.

De la porte de l'église au sarcophage surmonté d'un immense dais, avec rideaux d'hermine, est une allée de hauts lampadaires.

Et partout des écussons, rappelant les quinze campagnes du vice-amiral, son initiale, des palmes de laurier, des faisceaux de drapeaux.

En face du catafalque, la chaire est entièrement couverte d'un immense voile noir, semé d'étoiles. L'effet est saisissant.

A gauche, la chapelle du Saint-Sépulcre est transformée en chapelle ardente.

C'est là que sont déposés, depuis la veille, les restes de Courbet. Au fond, une croix. Au milieu, le lit qui porte la bière, et qui est entouré de bougies. Au pied du cercueil, sur des coussins, les décorations du défunt. A droite et à gauche, les prie-Dieu des religieuses qui gardent le corps. Aux quatre angles, des faisceaux de drapeaux. Jamais chapelle ardente n'a été plus imposante.

Pour qu'on se rende mieux compte du nombre de draperies et d'ornements, il me suffira de dire qu'il n'a pas fallu moins de quatre-vingts voitures pour les transporter.

Durant tout le long trajet de Toulon à Paris, la dépouille de l'amiral Courbet, ayant pour garde d'honneur M. Poulard, beau-frère de l'amiral, le commandant Parrayon, le capitaine de frégate de Maigret, le capitaine de frégate Foret, etc., de l'état-major de l'amiral, et quatre-vingts marins du *Bayard*, a été l'objet des manifestations les plus sympathiques.

A Brignoles, à Gardanne, à Aix, une foule énorme environnait la gare, criant : « Vive la marine ! gloire à Courbet ! »

A la gare d'Avignon, où les officiers étaient présents, le général Courty a célébré éloquemment les hauts faits, le grand caractère de l'héroïque soldat. Le préfet, les délégués de la municipalité et du conseil général ont également rendu hommage au regretté amiral. Puis les officiers de la garnison et les habitants de la ville ont déposé des couronnes dans le fourgon.

A Lyon, où le corps est arrivé l'avant-dernière nuit, à une heure trente, les autorités ont dû, par mesure d'ordre, interdire l'accès de la voie ; mais, de Lyon à Paris, à toutes les stations, les gendarmes ont rendu les honneurs, et la foule, surtout à l'approche de Paris, a acclamé le corps, qui est arrivé la veille du matin, à dix heures et demie, à la gare de Lyon.

Sur le quai, attendaient M. Galiber, ministre de la marine; le capitaine de frégate Maréchal, aide de camp du ministre; M. Josse, capitaine d'artillerie; M. Poubelle, préfet de la Seine; M. Gragnon, préfet de police ; M. Caubet, chef de la police municipale, etc., etc., qui venaient recevoir officiellement les restes de l'amiral.

Le capitaine de frégate de Maigret met pied à terre le premier. Il se jette dans les bras du ministre qui pleure et l'embrasse. On détache du train le fourgon qui renferme le cercueil : on porte celui-ci sur la voiture des pompes funèbres. Déjà les quatre-vingts marins, au milieu desquels est l'interprète chinois Tsi, qui ira jusqu'à Abbeville, sont descendus sur le quai; ils forment la haie et présentent les armes.

La bière, enveloppée dans un drapeau tricolore, est aussitôt transportée aux Invalides ; tous les matelots restent à la gare où un déjeuner a été préparé pour eux. M. le colonel Poulard-Courbet et le capitaine Josse accompagnent maintenant seuls la dépouilles de l'amiral.

Dès onze heures, conformément aux ordres du gouverneur de l'Hôtel, le nouveau curé des Invalides, M. l'abbé de Gréteau, qui se trouve être un des derniers descendants de Montesquieu et de Montaigne, attendait, entouré de dix enfants de chœur, le corps de Courbet.

On sait qu'on n'accède à l'église qu'en montant quelques marches et en traversant un long corridor.

La descente du corps, qui n'est arrivé qu'à onze heures et demie, a été fort pénible. Le triple cercueil est extrêmement lourd. Il n'a pas fallu moins de quatorze hommes pour le porter, et encore avaient-ils une peine énorme.

Dès les premiers pas, ils crient :

— Des bancs, des bancs !

On leur en donne. De pas en pas, on glisse ceux-ci sous le cercueil. C'est ainsi que le corps est arrivé à la chapelle ardente, où deux invalides, le sabre au poing, se relèveront d'heure en heure jusqu'au moment des obsèques.

Dans la cour et autour des Invalides, il y avait toute une foule qui demandait à saluer la dépouille mortelle du héros de Fou-Tcheou et de Son-Tay.

On a envoyé chercher des agents qui, à l'aide de barrières, ont délimité un passage, et le défilé a commencé. On peut évaluer à plus de cent mille le nombre des personnes qui ont jeté, dans l'après-midi, de l'eau bénite sur le corps.

Ici se place un épisode bien humain : M. l'abbé

de Gréteau avait à marier dans une des petites chapelles de l'église la fille d'un des employés des Invalides. La mariée, par superstition, a demandé à ne point passer devant la chapelle ardente. On a dû ouvrir, à son intention, une porte latérale condamnée depuis longtemps.

Ce que je veux surtout m'efforcer de dépeindre, c'est l'attitude recueillie de la foule; c'est l'encombrement de l'église où l'on n'entendait pourtant que les prières du prêtre; c'est l'émotion vraiment poignante des survivants du *Bayard ;* c'est la solennité du défilé de l'armée de Paris devant le corps du vaillant amiral.

Je ne crois pas que jamais, de mémoire d'homme, on ait pu voir un tel spectacle.

Il y a, dans les cérémonies militaires, un dignité, une rectitude, une sagesse de mise en scène qui leur donnent un caractère inoubliable.

Il est onze heures. Du monde partout, partout. Dans les rues, on ne voit que des groupes qui, tous, se dirigent vers le même but.

Déjà la garnison de Paris — dix mille hommes à peu près — est massée sur l'Esplanade. L'infanterie est en ligne de bataille devant l'Hôtel. Plus loin, les cuirassiers, puis l'artillerie, dont la pluie fait reluire les canons noirs. A l'entrée de toutes les rues, la police, très bien dirigée par MM. Lozé, Caubet et Clément, maintient la foule.

Grâce aux mesures prises, la circulation s'opère avec le plus grand calme, à l'intérieur de l'Hôtel.

Dans les jardins, sont les invalides impotents, montés sur leurs petites voitures, mais espacés également comme s'ils étaient en faction.

Ceux qui peuvent tenir la lance feront la haie dans la cour d'honneur à l'entrée de la chapelle jusqu'à ce qu'un commandement, donné d'une voix encore ferme, leur enjoigne d'aller se placer à la gauche du catafalque. Ils seront alors remplacés dans la cour par un peloton de fusiliers du *Bayard*.

A notre droite, une délégation de francs-tireurs de Châteaudun ; à notre gauche, la musique de la garde républicaine.

Nous voyons successivement arriver un grand nombre d'amiraux, de généraux, d'officiers supérieurs, en grande tenue. Voici le général Pittié, représentant le Président de la République, accompagné du commandant Dessiriez, officier d'ordonnance ; l'amiral Galiber, ministre de la marine ; le général Campenon, ministre de la guerre ; l'amiral Conrad, le maréchal de Mac-Mahon, le général Saussier, gouverneur de

Paris ; le général Thomas, commandant la place.

Alternant avec un grand nombre de civils, M. Gragnon, préfet de police ; MM. de Largentaye, de Bélizal, Legonidec de Tressan, Raoul Duval, Carette et Brierre, députés ; Émile Ferry, maire du IXe arrondissement : ils entrent dans la chapelle qui doit maintenant au feu d'or des cierges, aux flammes vertes et bleues des lampadaires, un aspect nouveau, merveilleux, je dirais féerique, n'était l'endroit.

Des écriteaux qui se dressent au-dessus de portants argentés indiquent la place où chaque invité doit se rendre. On a le bon goût de les enlever quand l'église est comble.

Les couronnes ont été placées, quelques-unes contre le mur, à l'entrée de la chapelle, les autres sur l'entablement, tout en haut des tentures, sur le noir desquelles les fleurs multicolores chantent la gloire de Courbet.

Toutes sont très belles. On se rappelle encore les suivantes : « A l'amiral Courbet les droites de la Chambre des députés ; » — « Mulhouse au vaillant amiral ; » — « la Vendée à l'héroïque Courbet. » Celle-ci a été apportée par MM. Gaudineau, président du conseil général de la Vendée, et de Baudry d'Asson, délégués. Citons encore les couronnes du syndicat de la Presse parisienne, du Comité pour le monument de l'amiral, des *Sauveteurs du Midi,* des *Régates marseillaises,* ces deux dernières apportées d'Hyères par M. Chaigneau, lieutenant de vaisseau en retraite ; celle des *Patriotes de Lot-et-Garonne.* Presque toutes sont emblématiques.

A la porte l'hommage allégorique, dont il est parlé plus haut, la réduction du *Bayard,* ayant sa coque toute d'or et de lierre. Les mâts, les cordages sont également en or, les voiles en soie.

Ce navire, qui mesure 1^m,55, est entièrement garni de fleurs, comme l'eût été une corbeille. Il est placé sur un socle en velours noir, aux quatre coins duquel sont posées des couronnes d'immortelles. Un drapeau est à l'avant, un autre à l'arrière. Sur le socle, on lit dans des guirlandes de fleurs, d'un côté : *A la mémoire de l'amiral Courbet ;* de l'autre : *Offert par ses compagnons d'armes.*

Ces mots sont écrits en lettres d'or.

Mais il n'y a pas à signaler que les hommages de France. Dans l'église sont toutes les couronnes qu'on a recueillies dans le trajet, même en Chine. Celles des colonies de Saïgon, du Caire, de Bû, sont très belles.

A midi précis, commence l'office, annoncé

par onze coups de canon, qu'on entend à peine ;
le vent en a porté le bruit au loin.

M. l'abbé de Gréteau, curé des Invalides, dit
la messe ; Mgr Richard, archevêque de Larisse,
coadjuteur de l'archevêque de Paris, donne l'ab-
soute.

L'orgue est tenu par M. Saint-Saëns, qui a
accompagné M. Auguez et a improvisé, à la fin
de l'office, une merveilleuse composition, aux
accords de laquelle la foule s'est retirée.

A une heure moins le quart, le char funèbre
vient se placer devant l'église. Le défilé va commencer.

A la porte, l'un des lieutenants du *Bayard*
crie aux marins qui ont la mission de faire la
haie :

— Présentez... armes !

Ils obéissent. On voit sortir de l'église seize
hommes qui portent la lourde bière. Ils sont
ployés. Ils sont en nage. Leurs veines semblent être des cordes bleues collées sur leurs
mains. Je suis en ce moment témoin de l'incident le plus pénible. Le char est à 10 mètres de
l'église. Les porteurs sont épuisés. Ils peuvent
à peine avancer. Il va falloir qu'ils haussent le
cercueil pour le mettre sur le char très élevé.
Ils font des efforts inouïs et n'y parviennent
pas. C'est navrant. J'ai assez loué la décoration

des Invalides, œuvre de l'administration des pompes funèbres, pour avoir le droit de parler franchement.

Comment se fait-il qu'on n'ait pas de chariots à roulettes ou d'appareils spéciaux pour faciliter de telles opérations? Il n'a pas fallu moins de neuf minutes pour mettre la bière sur le char. C'était absolument choquant. Un moment j'ai craint de la voir s'échapper des mains des hommes et se briser sur le pavé.

Même après qu'elle a été hissée sur l'extrémité du char, on ne pouvait pas la glisser et la placer convenablement.

— Elle pèse 800 kilos, nous dit un des marins.

On dispose sur le cercueil un drapeau tricolore.

Les amiraux Roussin, Ribourt et Amet, les généraux Salanson, Virgile et Bossant tiennent les cordons du poêle.

Derrière le char, un maître des cérémonies porte les décorations du défunt.

Il précède la famille en larmes.

Le cortège va défiler.

Tout d'abord la garde républicaine qui joue la marche funèbre de Chopin.

Non, jamais je n'oublierai le caractère grandiose de cette partie de la cérémonie. Les trois mille personnes tout à l'heure entassées dans l'église suivent ou forment la haie. La longue galerie circulaire de la cour d'honneur est pleine de monde. Toutes les têtes sont nues, et la musique de la garde républicaine est précisément sous le portail Louis XIV au moment où elle joue la phrase de Chopin, qui nous arrive comme un sanglot...

On traverse les jardins. Les marins sont toujours aux deux côtés du corbillard. Ils ont peine à marcher. On leur a donné des souliers, et ils ont perdu l'habitude d'en porter. Ceux du *Bayard*, en effet, étaient toujours pieds nus. Pour se battre même, les plus délicats portaient seuls des chaussons.

Le cortège allant très lentement, j'ai le temps de regarder ces braves soldats. Tous sont très jeunes, presque des enfants. La plupart sont blonds. Ils ont dans les yeux bleus comme un reflet de la mer où ils ont tant souffert.

Ils sont là 70. Ils étaient partis 420!

Pour 70 familles qui vont avoir le bonheur d'embrasser leurs fils, il y en a en ce moment 350 qui pleurent.

Après cela, électeurs, votez encore pour M. Jules Ferry !

On arrive à la grille. Le canon tonne. A toutes les fenêtres qui donnent sur l'Esplanade pendent des hommes, des femmes. Le char se place en long sous la porte. Du côté qui regarde l'armée de Paris se rangent les amiraux.

L'amiral Galiber pleure. Alors on entend un commandement lointain. L'avant-garde défile. Puis, derrière elle, arrive seul, à cheval, le général Bonnet, qui, de son épée, avec une dignité inimitable, salue le char et va se placer sur le trottoir qui lui fait face. La garnison défile, les hommes portent les armes, les officiers supérieurs et les drapeaux saluent. Ce qu'il faut célébrer ici, c'est l'attitude merveilleuse des troupes qui semblent mues mécaniquement.

L'infanterie marche d'abord, puis la cavalerie. L'artillerie vient ensuite. Il est deux heures. C'est fini.

Les marins du *Bayard* reforment leurs rangs et regagnent leur casernement du quai d'Orsay. La foule leur fait une ovation.

Les acclamations patriotiques les plus chaleureuses retentissent; deux mille personnes au moins suivent le petit détachement et ne cessent de lui faire fête.

Pendant ce temps, le char reconduit le corps à l'église, où il est de nouveau exposé dans la chapelle ardente. D'après un ordre du gouvernement, il y restera deux jours encore, pendant lesquels le public sera autorisé à lui jeter de l'eau bénite.

Le lendemain, par ordre du cardinal archevêque de Paris, un service solennel était célébré à Notre-Dame, à dix heures du matin.

Cette cérémonie a clos dignement les honneurs rendus à Paris au vaillant amiral.

A la même heure, une escouade de quatorze hommes de l'équipage du *Bayard*, sous la conduite d'un officier, conduisait le corps à la gare du Nord.

Le colonel Poulard, MM. Lebel, qui sont déjà allés au-devant de lui jusqu'à Hyères, M. Haro, accompagnaient le convoi.

Et, quelques jours plus tard, s'ouvrait une souscription dans le but d'élever un monument à la mémoire de l'amiral Courbet. Cinq mois après, elle était close. Le résultat était même des plus honorables : le total des sommes recueillies a dépassé 180,000 francs.

En outre, le ministère de la marine a offert trois canons de bronze conquis sur les Chinois.

L'œuvre de MM. Mercié et Falguière est très

belle. Sur la proue du *Bayard* se dresse l'amiral, que couronne une Victoire. Au premier plan, deux statues allégoriques sortent des flots. Comme on ne saurait montrer un vaisseau en entier, et que, derrière l'amiral, le bâtiment se trouve déchiqueté, les deux artistes ont masqué la brisure en utilisant les trois canons habilement placés en faisceau.

Quelques-uns rêvaient d'élever ce monument à Paris. Mais c'est à Abbeville qu'est né, le jour même des obsèques, le projet de monument. La ville qui avait déjà offert à son vaillant enfant une épée d'honneur — celle-là même qui était sur le cercueil — décida que la partie centrale de sa plus belle place serait mise à la disposition du comité qui se chargerait d'ouvrir une souscription pour l'érection d'une statue.

Le comité fut composé de trente-deux membres, parmi lesquels l'amiral de Dompierre d'Hornoy, qui fut nommé président; MM. Jules Simon, l'amiral Jurien de la Gravière, le général Lebrun, le baron de Mackau, l'amiral Ribourt, le baron de Lareinty, l'amiral baron Roussin, Oscar de Vallée, le baron de Kerdrel, l'amiral Amet, Édouard Hervé, etc.

Appelé à se prononcer, le comité, à la majorité de 29 voix sur 32 votants, se rangea au désir de la ville d'Abbeville et de Mme Cornet, sœur de l'amiral Courbet ; il décida que le monument serait élevé à Abbeville.

Trois votants seulement, MM. le baron de Lareinty, Guyon, directeur de la *Patrie*, et le général Lebrun, étaient d'avis de le placer à Paris. Après le vote, ils se rallièrent à l'opinion générale.

C'est donc à Abbeville que se dresse aujourd'hui la belle œuvre de MM. Mercié et Falguière, juste hommage rendu à la mémoire d'une de nos gloires militaires les plus éclatantes, les plus pures.

XVII

L'autopsie de Pranzini

Je recevais, dans la soirée du mardi 30 août 1887, une dépêche qui m'invitait à être le lendemain, à six heures du matin, à l'École pratique de la Faculté de médecine.

Cela voulait dire :

— On exécutera Pranzini cette nuit.

Quand j'arrivai à l'École pratique, le corps de Pranzini y était déjà depuis un quart d'heure. Il avait été reçu par M. Brouardel, membre de l'Académie de médecine, et par M. Rémy, chef des travaux d'histologie.

Jadis on se livrait, sur le corps des suppliciés, à des expériences physiologiques.

On en a reconnu l'inutilité.

Ces expériences ne peuvent rendre service à la science que quand elles sont faites un quart d'heure au plus après la mort. Il y a certaines villes de province où le corps est livré aux médecins dans ce laps de temps ; mais, à Paris, une heure au moins s'écoule entre l'exécution et le commencement des études médicales. Il est trop tard pour les révélations physiologiques. En revanche, l'occasion est belle pour messieurs les dissecteurs. Rarement ils ont sous le scalpel un corps aussi frais, aussi sain.

Je pourrais essayer de faire une description émouvante. Par malheur, je ne sais pas mentir. Puis ce n'est pas quand on a vu, trois mois auparavant, les cadavres de l'Opéra-Comique, qu'on est saisi de commisération à la vue d'un corps de condamné étendu sur un lit de fer.

Ils avaient été également frappés en pleine vie, en pleine jeunesse, ceux que tout à coup la fumée a étouffés à la fin du premier acte de *Mignon*.

Et l'on n'avait rien à leur reprocher. Ils étaient absolument inattaquables, tandis que celui qui était là, le corps sur un lit, la tête sur une table, était un viveur sans ressources, un débauché vulgaire, un recéleur, un meurtrier.

Nous étions dans la grande salle d'histologie

normale, située au quatrième étage des nouveaux bâtiments.

Le mouleur vint tout d'abord. Il emporta la tête, qu'il devait rapporter quelques instants après.

Chose étrange, elle souriait, cette tête. L'œil se relevait à demi clos, comme dans un spasme d'amour. Les cheveux, presque bruns, étaient encore assez longs, même près du cou ; les joues fraîchement rasées. Aussi la figure ne ressemblait-elle plus du tout au portrait qu'on a publié dans les journaux. Le bas du menton manquait. Il a été enlevé par le couperet, qui, passant par la sixième vertèbre cervicale, a tranché « le sommet du menton », ce qui s'explique par le retrait instinctif de la tête entrée dans la lunette.

Une première fois, cinq ou six ans auparavant, j'ai vu un corps de supplicié, celui de Barré.

Pranzini avait, comme lui, toute la chair du cou épaissie, unie ; vainement on eût cherché un interstice. C'est, paraît-il, la rapidité du coup qui enfle tous les vaisseaux.

En attendant que le mouleur ait rapporté la tête, on travaille le corps.

On commence par détacher un bras, le bras droit, qu'on envoie avec sa main à l'atelier de moulage.

Puis on ouvre le corps.

Il est très beau. Les jambes sont superbes. Les mollets, bien dessinés, sont presque des mollets de femme. Tout le corps est gras. Au bas des reins, il y a six centimètres de graisse.

Un carabin dit :

— C'est un beau cadavre de paysan.

Les attaches, en effet, bien que petites, sont sans élégance. L'ensemble est harmonieux, mais sans distinction.

Les pieds ne sont pas propres. Les ongles des mains sont noirs.

Pour établir l'irresponsabilité de Pranzini, on a donné certains détails sur lesquels il est inutile d'insister. Ce renseignement suffira : *aucun* des organes ne présente de développement exagéré.

L'anatomie est absolument régulière.

La rate et les reins, tous les tissus sont normaux.

Le cœur est contracté, mais il l'est toujours chez les suppliciés.

Le foie, seul, est légèrement malade.

Les muscles sont remarquablement développés; ils se contractent encore, six heures après la mort, sous l'influence d'une seule chiquenaude.

On s'attendait à trouver, chez un vénusiaque

tel que Pranzini, trace de maladie particulière ou de vice. Or, jamais, de mémoire de chirurgien, on n'a eu à examiner organes plus sains.

Déjà l'épine dorsale est mise à nu. On enlève les chairs qui l'entourent et qui n'ont pas d'importance chirurgicale. Selon l'usage, on les jette à terre. On les ramassera plus tard.

Or, il faut noter ici un incident pénible.

Un carabin avait été, à son insu, suivi par sa chienne.

Celle-ci s'élance et, en trois coups de gueule, dévore quelques lambeaux de chairs.

Le mouleur rapporte la tête. On enlève le crâne à la scie.

C'est à partir de ce moment que les expériences deviennent particulièrement intéressantes.

Le cerveau n'est ni lourd, ni léger. Il pèse 1,280 grammes.

— Une honnête moyenne!... dit un carabin.

Les méninges sont saines et souples. Il n'y a adhérence ni entre elles ni avec le cerveau. Les médecins concluent par ces mots : Aucun signe d'alcoolisme ni d'aliénation.

Le cerveau est remis à M. Chudzenski, chef du laboratoire d'anthropologie.

Le docteur Chudzenski est un vrai médecin.

C'est un athée qui croit que l'âme n'est que la résultante des forces du corps. En vertu de cette théorie, il doit savoir ce que vaut la fameuse maxime : *Mens sana in corpore sano.*

On examine la mâchoire. Les dents sont au grand complet. Toutes sont absolument saines, quoique peu soignées.

Puis un physiologue étudie la main.

Il n'y découvre aucun des caractères que l'on assigne aux assassins. Le pouce est ordinaire. Les doigts sont sensuels, mais non spatulés. La pulpe dépasse l'ongle.

Détail important pour les partisans de Desbarolles : la ligne de vie est coupée juste en son milieu ! Or, Pranzini n'avait que trente-deux ans.

Maintenant le corps, selon l'expression d'un carabin, est absolument « débité en morceaux ». Chacun d'eux est mis dans un flacon spécial, plein du « liquide Muller », qui a la mission de le conserver intact.

Les yeux sont envoyés à l'Hôtel-Dieu. Les dents à l'École dentaire. Le corps, dépouillé de ses organes, est remis à M. le docteur Poirier, chef des travaux anatomiques, qui est chargé de reconstituer le squelette pour le mettre au Musée d'anthropologie. Certains organes sont remis à M. le docteur Mathias Duval.

Les différents morceaux seront présentés, l'hiver, dans les cours, comme spécimens de *tissus normaux*.

On me fait monter dans l'atelier de moulage.

Le bras droit est encore dans le plâtre, mais le moulage de la tête est terminé.

Il est vraiment beau.

Un dernier sourire éclaire toute la physionomie. La tête est très fine, très jolie. Jamais on ne la prendrait pour celle d'un criminel. Il y a une contradiction flagrante entre ce visage si calme, si doux, et le drame de la rue Montaigne.

Si l'on n'en croyait que ses yeux, ce serait le corps d'un innocent qu'on viendrait de dépecer.

XVIII

Les vieilles lunes

En 1870, il se trouvait un homme, tout jeune encore, qui avait eu l'honneur d'être arrêté sous l'Empire pour avoir propagé l'*Internationale*. La République venait d'être proclamée ; il avait été condamné à six mois de prison ; on le nomma adjoint au maire de Montmartre.

Le 18 mars, 14,661 voix l'envoyaient siéger à l'Hôtel de Ville en qualité de membre de la Commune.

Il s'appelait Dereure et avait débuté dans la vie politique comme gérant du journal la *Marseillaise*, dirigé par Rochefort.

On marchait vite au temps de la Commune.

Le 30 mars, Dereure était délégué aux subsistances ; le 22 avril, à la Commission de la justice ; six jours après, c'est-dire le 28 avril, il était bombardé membre du Conseil de revision des jugements de la Cour martiale. Encore quelques jours, et le voilà délégué civil auprès de Dombrowski. Nouveau Carnot, il organisa la victoire. Cela ne lui réussit pas.

On a de lui deux décrets qui prouvent qu'il n'était pas ennemi des mesures radicales.

Voici le premier :

« Article 1er. — Les listes électorales seront revisées en date du 15 mai.

« Art. 2. — La publication de la revision aura lieu immédiatement.

« Art. 3. — Seront rayés des listes électorales tous les individus de vingt à quarante ans, qui ont quitté Paris depuis le 18 mars, et de quarante à soixante, qui ont refusé de faire le service de la garde nationale.

« Art. 4. — Les municipalités seront chargées de l'exécution du présent décret.

« Signé : DEREURE. »

Le second décret n'a pas eu plus d'effet que le premier :

« Art. 1er. — Une amende proportionnelle de 5 à 50 francs par jour sera applicable à tous individus (sic) de dix-neuf à quarante ans, qui ont quitté Paris depuis le 18 mars.

« Art. 2. — Les Commissions militaires d'arrondissement seront chargées de l'enquête et de l'exécution du présent décret.

« *Signé* : Dereure. »

Le 24 mai, le membre de la Commune trouvait le moyen d'échapper à la répression et se réfugiait en Amérique, à la colonie Icarienne.

L'amnistie lui rouvrit les portes de Paris, où il ne tarda pas à devenir un des apôtres les plus actifs du nouveau culte : le collectivisme.

Pour que Dereure marchât demain, Jules Guesde n'aurait qu'à faire un signe. Mais il paraît que la Révolution ne nourrit pas ses enfants.

Un soir d'août 1888, je me trouvais au Jardin de Paris. Je regardais le tir japonais installé à l'entrée. Un des employés ayant dans les mains une douzaine de flèches invitait le public à en mettre la pointe dans la cible. Où avais-je déjà vu cette figure ? Cheveux bouclés, grisonnants, rejetés en arrière ; moustache de vieux grognard ; yeux bleus d'enfant timide. C'était la douceur même de ceux-ci qui me troublait. Je reconnaissais bien les traits, mais pas les yeux. C'est que je les avais vus farouches, pendant que leur propriétaire tonitruait dans une réunion publique contre son ennemi, le possibiliste Joffrin.

L'aimable cinquantenaire qui, le soir, un sourire aux lèvres, engage les gracieuses habituées du Jardin de Paris à s'approcher du tir, c'est, en effet, l'ancien membre de la Commune, celui qu'on avait délégué successivement aux subsistances, à la justice, au conseil de revision et à l'armée, c'est Dereure.

Je l'interrogeai. Il n'est pas heureux. Le jour, il végète en faisant ce que le peuple appelle du « dix-huit ». Pour faire du « dix-huit », on achète au carreau du Temple un stock de vieux souliers, on les retape et on les revend comme *deux fois neufs*.

Il se pouvait que la révélation du passé de son employé désobligeât le propriétaire du tir. Je ne manquai pas de le pressentir à ce sujet.

— Oh ! fit-il, je ne demande pas à mes employés ce qu'ils pensent en politique. Ne blaguez pas trop Dereure, c'est tout ce que je désire. En temps ordinaire, il travaille dix-huit heures par jour. Il y a beaucoup de gens qui n'en font pas autant. Il ne court les réunions que quand la pluie oblige la direction à fermer le Jardin. Ça lui est bien permis. Il y a pourtant une chose que vous auriez raison de dire : Je laisse ma caisse ouverte devant lui et je sais bien que je n'aurai jamais à le regretter.

Et, pendant que le patron parlait, le signataire

des décrets qui précèdent, secouant entre ses doigts les douze flèches, disait maintenant à une grande blonde à tapage :

— Si madame voulait essayer? Je lui jure qu'il n'y a rien de plus amusant...

XIX

Les Couveuses d'enfants

Un fait assez rare s'est produit le 8 février 1888, à la Clinique d'Accouchement, 89, rue d'Assas. Une pensionnaire, Marie Jarousse, a mis au monde, un mois avant terme, trois enfants : deux filles et un garçon.

Un enfant, né normalement, pèse de 3,000 à 3,500 grammes. Les trois enfants de Marie Jarousse ne pesaient guère ensemble plus qu'un garçon bien constitué. Il y a huit ans, aucun de ces pauvres petits n'eût vécu seulement dix minutes ; mais, en 1880, les éminents professeurs de la Clinique eurent l'idée de faire, pour les enfants, ce qu'on fait pour les poussins. Ils construisirent une grande caisse dans laquelle arrive, par des tuyaux, une chaleur presque égale à celle du sein de la mère. Au milieu de cette caisse, sont placés, sur une planche, les paniers pleins de coton dans lesquels sont couchés, tout nus, les enfants.

Encore trop faibles pour téter, on les gave à l'aide d'un petit appareil en caoutchouc.

Telle fut la première couveuse inventée, mais on croit avoir tout dit sur l'amour maternel. Écoutez encore : A mesure que les enfants devenaient forts, les mères dépérissaient. Ils promettaient de vivre, elles mouraient, se demandant ce qu'on faisait de leurs bébés, angoissées de se dire qu'on les traitait comme des animaux. Le professeur Tarnier, les agrégés Chantreuil et Budin, qui, ayant fait paraître ensemble sous le titre : « Allaitement et hygiène des enfants nouveau-nés » un livre à l'usage des mères, comprennent les inquiétudes de celles-ci ; aussi ont-ils renoncé à la couveuse générale qu'ils n'emploient plus que quand il y a urgence. Ils ont fait un certain nombre de petites couveuses dont chacune est placée auprès du lit de la mère. Le couvercle de la boîte est en verre. Penchée sur l'oreiller, la mère suit les mouvements de son enfant qu'on ne sort de la couveuse qu'aux heures du gavage, qui s'opère dans une pièce voisine.

Près du lit de Marie Jarousse sont deux couveuses. Les petites filles, si menues, sont dans la même ; le petit garçon est seul dans la sienne. Ainsi, disent les étudiants, la morale est sauve.

Et toutefois Marie Jarousse pleure. Il n'y a pas de sort plus malheureux que le sien. Elle était à peine grosse de quelques semaines que son mari, charretier de son état, était tamponné entre deux wagons. La voilà veuve, n'ayant pour nourrir ses trois jumeaux, qu'elle ne perd pas des yeux, que sa place de cuisinière.

Elle s'informe du progrès des petits.

La fillette qui pesait en naissant 1,075 grammes pesait dès le lendemain, grâce au gavage, 1,550. Le jour suivant, le poids était de 1,560. Peu à peu elle arrivera au poids normal de 3,000 gr. qu'une petite fille doit avoir en venant au monde.

Marie Jarousse s'intéressait en même temps à un autre enfant qui, né à six mois et demi et élevé dans la couveuse, allait alors tout à fait bien. Il y avait sept mois qu'il était né ; gentil comme tout, il était la preuve vivante du succès des éminents docteurs de la Clinique. On l'appelait Lucien. Ses grands yeux noirs riaient sans cesse, toujours. Pourtant il était de père inconnu et sa mère était morte en le mettant au jour...

On ne pouvait guère, hélas ! le considérer que comme un objet de curiosité. Quelques semaines encore et il faudra qu'il parte d'ici où toutes les lois d'hygiène, de chaleur, de nourriture, sont observées avec une telle minutie qu'aucun enfant de millionnaire n'est soigné comme ces pauvres. Notez qu'avant d'entrer dans cette salle, on doit retirer son pardessus qui pourrait contenir ces germes de maladie qu'on cueille dans les rues. Les sages-femmes, les nourrices, les gaveuses, les étudiants, les docteurs eux-mêmes, toutes les personnes exposées à toucher les enfants se lavent préalablement les mains avec la liqueur antiseptique de Van Swieten, qui contient un gramme de bi-chlorure de mercure par mille grammes d'eau.

Mais, en vertu du règlement, Lucien, sans famille, va aller aux Enfants-Assistés où il y a trop de pensionnaires pour que les soins puissent être les mêmes. Là-bas les enfants ne sont pas isolés. Là-bas règnent dans les salles, en souveraines maîtresses, la rougeole, la diphtérie, l'ophtalmie, etc. Le fils de la couveuse mourra.

Cela ne dérange nullement les chiffres du docteur Budin. Ainsi que me le démontre le moniteur de service, M. Bataillard, qui m'ouvre les registres de la Clinique, avant 1880, tous les enfants nés trois mois avant terme mouraient. Aujourd'hui on en sauve trente sur cent et la proportion augmente avec la durée des grossesses.

Du fond de son lit, Marie Jarousse prend joyeusement part aux preuves qu'on me donne ; ses enfants sont nés à huit mois, et leur poids augmente tous les jours. La plus petite, celle qui n'a encore que le tiers du poids normal, agite tranquillement ses petites mains...

Je ne sais pas ce qu'est devenu le petit Lucien, mais les trois enfants de Marie Jarousse sont morts aujourd'hui...

XX

Madame Huot.

Pour une fois, le dimanche, 10 octobre 1886, la science se trouva amusante. Il est vrai que ce fut grâce à des incidents dont elle eût préféré se passer.

L'immense amphithéâtre de la Sorbonne était comble. Couloirs, escalier même, tout était plein. D'après l'administration, deux mille personnes étaient entrées.

A vrai dire, on menait depuis trois semaines grand tapage autour de la conférence qu'on devait y faire et qui promettait d'être intéressante à plus d'un titre. Sous la présidence de M. Ferdinand de Lesseps, le docteur Émile Chautemps, vice-président du Conseil municipal, allait célébrer le laboratoire et la méthode de M. Pasteur. Or, dès la porte même de la Sorbonne, le président et le héros de la conférence étaient cruellement attaqués par la distribution gratuite de deux placards, l'un contre le Panama, l'autre s'appelant *Nécrologie de M. Pasteur.*

Du premier je ne veux rien dire. Je me contenterai d'y relever cette phrase :

« On a beaucoup remarqué, ces temps derniers, le silence qu'on garde sur les faits et gestes de M. de Lesseps, qui serait dans sa propriété de la Chesnaye, essayant de se faire oublier... »

En vérité, le moyen de se faire oublier n'était pas de venir, le dimanche en question, présider une assemblée si nombreuse. M. de Lesseps avait évidemment connaissance des placards distribués contre lui. Beaucoup d'auditeurs en tenaient d'ailleurs un exemplaire à la main.

Très vaillamment pourtant, il gagne le bureau. On applaudit son entrée sans qu'il y ait la moindre protestation. Une voix même crie librement : Vive le Grand Français!

Dans un petit discours qu'il lit, M. de Lesseps célèbre « la récente découverte qui, selon l'expression de Vulpian, met le sceau à la gloire de Pasteur ».

« Mais je dois laisser le docteur Chautemps étudier devant vous la méthode de l'éminent chimiste. Je me bornerai à vous rappeler la biographie de Pasteur. »

Ici le premier incident, — gracieux, celui-là. Il paraît qu'étant tout jeune, Pasteur allait souvent chez des amis de M. de Lesseps, M. et Mme Barbey.

« J'ai dû l'y rencontrer, ajoute le célèbre orateur. J'aperçois assis devant moi le gendre de M. Pasteur. Il lui demandera s'il se souvient de m'avoir vu à cette époque. »

On applaudit, en se tournant vers M. Vallery-Radot que désigne le regard de M. de Lesseps.

Le docteur Chautemps a la parole et commence par « déblayer le terrain ». Il se pourrait que le placard intitulé : *Nécrologie de M. Pasteur* eût mis quelque doute dans l'esprit des auditeurs.

Ce placard, en effet, publie les noms des trente-cinq personnes qui, ayant été traitées en ces dix derniers mois par M. Pasteur, sont mortes de la rage.

« Un seul renseignement, dit M. Chautemps, donnera une idée de la confiance qu'on peut avoir en ce placard. J'y vois que le jeune Chrystin, qui a été soigné par M. Pasteur, est mort de la rage. Or, c'est matériellement faux. Je vais vous donner l'analyse de l'autopsie. Elle démontre irréfutablement que Chrystin est mort d'une méningite tuberculeuse. »

M. Chautemps fait ensuite la statistique de la rage :

« A la date du 1er octobre, 1,583 Français avaient été traités ou étaient en traitement. Déduction faite de 610 individus mordus par des chiens présumés enragés, mais sans certificats de vétérinaires ni preuves expérimentales à l'appui de cette présomption, il reste 973 sujets vaccinés, qui ont été mordus par des animaux indiscutablement enragés, et dont ceux qui survivent ont traversé la période dangereuse.

« Les statistiques de Leblanc, les moins élevées de toutes celles qui ont été publiées, donnent 160 morts pour mille mordus. D'après cette proportion, il aurait dû se produire parmi les 973 Français vaccinés 155 décès. Or, y compris un mordu du 4 août, il n'en est mort que 10, dont 2, arrivés au laboratoire quarante-quatre et trente-sept jours après les morsures, ne sont pas imputables à la méthode.

« M. Pasteur a donc préservé de la mort, en *neuf mois*, au moins 145 Français. »

On applaudit, mais tout à coup une voix de femme s'écrie :

« On n'a jamais vu, en dix mois, 155 décès d'enragés en France ! »

Tout le monde se tourne vers la femme qui a parlé. C'est une assez jolie personne de trente-cinq ans à peu près qui rit très insolemment au visage du docteur. Malgré son teint mat, elle est toute rouge. Sous son chapeau de velours noir garni d'un gros bouquet de fleurs, ses cheveux châtains frisonnent sur le front. Ses yeux sont café au lait foncé. Nez et menton pointus. Bouche peu bienveillante.

On dit autour de moi :

« C'est Mme Astié de Valsayre.

— Êtes-vous madame Lauth? lui demande le docteur. Pardonnez-moi, messieurs, cette question, mais j'ai reçu, avant de monter à la tribune, une lettre signée de ce nom et me menaçant d'interruption.

— Cette dame est dans son droit, dit une voix tombant des gradins.

— Je ne le nie pas, mais on me dit que madame a sifflé au convoi de Claude Bernard. Cela m'autorise à ne pas tenir compte de ses interruptions. »

On applaudit le docteur Chautemps.

Puis on se tourne vers la dame en criant :

« A la porte ! »

A partir de ce moment, la conférence ne sera plus qu'un duel entre l'orateur et son interruptrice. (On n'emploie pas substantivement le mot *interruptrice*, mais comme c'est un tort, je ne tiens pas compte de la règle.)

Le docteur établit qu'à la date du 1er octobre, 2,323 mordus de tous pays ont été traités ou étaient en traitement chez M. Pasteur. La dame fait : « Ah! ah! »

Il dit que, parmi ceux qui attaquent l'éminent savant, il faut d'abord citer les Allemands qui nous envient. « Oh! oh! » fait la dame.

« Mais, reprend-il, si ce siècle a eu deux glorieux sanguinaires, Napoléon Ier et Bismarck, bientôt il ne restera rien de plus de l'œuvre de Bismarck que de l'œuvre de Napoléon. Tandis qu'il est trois noms, trois noms pacifiques qui sont immortels : ceux de Victor Hugo, de Pasteur et de Lesseps. »

Pendant qu'on applaudit frénétiquement, la dame rit aux éclats.

Le docteur continue à donner des chiffres. Elle répond avec ironie : « Parfaitement. » La salle se fâche.

« Je vous en prie, messieurs, fait le docteur, ne vous inquiétez point de ces interruptions. Il y a des formes de la rage pour lesquelles il n'existe pas de vaccin... »

Et toute la salle, la dame comprise, de rire. Le docteur, qui a plusieurs fioles devant lui, achève sa conférence qui est très intéressante, très nourrie. Il nous montre quelques échantillons des virus rabiques dont se sert M. Pasteur. Il résume.très clairement la méthode « que le savant a créée ».

A ces mots la dame, de nouveau, proteste. Quelqu'un, dans une tribune, l'approuve. On se tourne contre ce dernier.

« C'est un Prussien ! crie-t-on.

— J'arrive à la fin de ma conférence. Ces incidents étaient prévus, messieurs. Je vous prie de n'en tenir aucun compte. »

Et le docteur conclut en disant qu'aujourd'hui M. Pasteur use de procédés plus énergiques et plus sûrs. La dame lève les yeux au ciel.

« Il n'y a guère qu'un mois et demi que M. Pasteur soumet ses blessés à un traitement aussi intensif. Auparavant, on commençait souvent par des vaccins de quatorze jours et l'on s'arrêtait à celui du quatrième ou du troisième jour. M. Pasteur n'osait pas inoculer celui du deuxième jour, encore moins celui de la veille. Très rarement les mordus subissaient deux traitements.

« Vido, qui vient de mourir, sept mois après ses blessures, a été incomplètement traité. Le siège des inoculations étant devenu œdémateux et douloureux, l'on s'est arrêté au vaccin de six jours.

« Mais les insuccès ont éclairé la voie et conduit M. Pasteur à plus de hardiesse. »

L'orateur termine par une grande nouvelle :

« Un médecin très influent en Allemagne, une véritable autorité médicale, a promis, il y a quatre mois, de se rallier à la méthode Pasteur, si une preuve qu'il exigeait lui était donnée. Cette preuve est obtenue aujourd'hui et *fera bientôt l'objet d'une communication à l'Académie des sciences.* »

Tonnerre d'applaudissements.

Le conférencier s'assied. M. de Lesseps prend la parole :

« Je vous félicite et je vous remercie, messieurs, d'avoir prêté une si grande attention à l'orateur. Vos applaudissements vont droit à M. Pasteur, à l'éminent savant qui a su triompher de la rage... et de la cabale. »

On applaudit, on sort, on reconnaît la dame qui est rejointe par un monsieur dont elle saisit le bras. Je me permets de demander à celui-ci :

« Pardon, monsieur, Madame est-elle, comme
on le dit, Mme Astié de Valsayre?

— Non. C'est Mme Lauth. »

Mais voilà qu'une violente poussée nous sé-
pare. On crie :

« A bas Louise Michel!!??? »

On suit l'interruptrice. De quelque côté qu'elle
essaie de se retirer, elle rencontre du monde
qui la hue! Maintenant la réaction se produit en
elle. Sa figure se contracte. Il y a des larmes
dans ses yeux. Elle a instinctivement peur.

Des cris de bêtes féroces retentissent, puis
ces mots : « Formons un monôme!

— Au Luxembourg!! »

Le monsieur qui accompagne Mme Lauth n'ose
plus protester, et il a bien raison. Dieu sait ce
qui s'en serait suivi! Et c'est ainsi tout le long
de la rue de la Sorbonne, puis rue des Écoles,
où heureusement, à l'angle de la rue Cham-
pollion, la foule se croise avec un groupe
nombreux qui reconduit M. de Lesseps en
criant :

— Vive le Grand Français!

Mais M. de Lesseps a l'air d'entendre moins
ces acclamations que les injures dont on couvre
Mme Lauth. Il s'approche d'elle, la salue, lui
donne sa carte et lui offre le bras. D'abord on
n'ose plus rien dire, mais bientôt on se remet

à crier, les uns : Vive M. de Lesseps! les autres : A bas Louise Michel!

On va ainsi jusqu'au boulevard Saint-Michel où, non sans difficulté, M. de Lesseps trouve une voiture vide. Il y fait monter Mme Lauth et le monsieur qui l'accompagne, puis, debout lui-même dans la voiture :

« Messieurs, dit-il, en France il faut toujours respecter les femmes. »

Et, jetant un ordre au cocher, il s'assied sur le strapontin.

Eh bien! en vérité, cette conduite, très crâne, est d'un homme de cœur. Vive le Grand Français!

Et, le soir, je me permets de faire demander à M. de Lesseps ce qui s'est passé dans la voiture.

— Naturellement, dit-il, cette dame a commencé par me remercier. Je lui ai répondu par cette question : « Où faut-il vous conduire? — 53, rue de Seine. » J'ai donné l'adresse au cocher. Alors, tout à coup, elle m'a dit : « N'avez-vous pas fait un peu allusion à moi, quand vous avez félicité M. Pasteur d'avoir triomphé de la rage? — Oh! madame, je suis trop poli pour trouver qu'une dame soit enragée. »

J'ai envoyé en même temps rue de Seine.

Le vrai nom de notre interruptrice est Huot. Le bras qu'elle a pris en sortant de la Sorbonne est celui d'un correspondant anglais, rencontré là par hasard.

Elle est secrétaire de la ligue antivivisectionniste qu'a présidée quelques jours Clovis Hugues.

Elle adore les animaux. Aussi son appartement est-il plein de chats.

Mme Huot a déjà fait deux conférences, au théâtre d'Auxerre, sur ou plutôt contre Paul Bert et Pasteur.

Elle a voué sa haine à ces deux horribles vivisecteurs et se promet de les malmener prochainement à Paris même. Elle invitera M. Pasteur à venir discuter avec elle dans une réunion publique.

Nous croyons qu'il est du devoir de la Société protectrice des animaux de lui envoyer au moins une médaille d'or.

Quelques jours après, j'étais devenu l'ami de Mme Huot qui voulut bien m'initier aux travaux de sa ligue.

Parfois, sur l'entablement d'une fenêtre, est un chat perdu ou abandonné qui pousse plaintivement son *miaou*. Il a faim.

Presque toujours la fenêtre s'ouvre. On est généralement bon à Paris. Mais, si la fenêtre est celle d'une des dames qui font partie de la ligue populaire contre la vivisection, le chat n'a pas besoin d'être beau pour qu'on le garde. Ces dames sont les plus passionnées protectrices des animaux. Elles soignent le minet, le cajolent. S'il est malade, elles le mettent dans un joli panier tout ouaté et le portent dans l'un des hôpitaux qu'elles ont créés.

Ces dames ne sont pas les premières venues. Elles s'appellent Mme Juliette Adam, lady Caithness duchesse de Pomar, Mme Clovis Hugues, Mme Tola Dorian, la princesse Lila Mestchersky, Mme Emma Brunswick, etc.

Les *etc.* ne se composent point de personnages sans importance. Au milieu des députés Girodet, Duvivier et Laguerre, des docteurs Angerville et de Lostalot, était alors Mme Anna Kingsford, docteur de la Faculté de Paris, et sont encore aujourd'hui... Mlles Claude Bernard.

Oui, dans sa famille même, le créateur de la vivisection, Claude Bernard, a trouvé de l'opposition. Sa femme et ses deux filles aimaient tellement les animaux qu'elles n'ont pu s'empêcher de protester contre les pratiques parfois cruelles de l'éminent physiologiste.

Les tortures infligées à des créatures vivantes

« dont l'organisation est analogue à celle de l'homme » les ont tellement fait souffrir elles-mêmes, qu'elles n'ont pu rester au foyer commun. Elles se sont librement séparées de leur mari et père.

Retirées à la campagne, à Colombes, elles y ont fondé un refuge d'animaux. Le soin de leurs pensionnaires est aujourd'hui la seule occupation de Mlles Claude Bernard. Elles sont relativement riches, puisqu'elles ont ensemble vingt mille francs de rente. Elles ne se marieront jamais. Elles appartiennent corps et âme à leurs cent chats et à leurs cinquante chiens. Les premiers ont à eux toute la maison que domine un immense grenier. Les seconds ont le sous-sol qui, l'hiver, est chauffé, et la cour. Les malades ont des niches.

Dans cet Éden animal, chiens et chats pourtant, s'ils pouvaient parler, déclareraient peut-être qu'ils ne goûtent point le bonheur parfait. Tous partagent le célibat de Mlles Claude Bernard.

— C'est que, dans notre ligue, me dit Mme Huot, nous sommes malthusiennes. Votre société est trop mal faite et les hommes sont trop cruels pour que nous puissions prendre la responsabilité de laisser des animaux se reproduire. Nous les abritons, nous les secourons ; nous ne les marions pas...

La profession de membre de la ligue contre la vivisection ne laisse pas d'être coûteuse.

Ainsi, on a pu voir souvent Mme Marie Huot rôder autour de la Fourrière. Arrivait un gardien de la paix, tenant au bout d'une corde un chien. Si le chien était beau, elle le laissait passer, se disant : « Voilà une chère petite bête qu'on réclamera certainement. » Était-il laid, malingre, voué par conséquent aux œuvres de M. Pasteur ? Mme Huot s'élançait, criant : « Mais ce chien est à moi ! » Elle payait ce qu'il fallait, emmenait l'animal et le conduisait à l'hôpital. Il est advenu qu'on l'a condamnée à une amende pour avoir laissé — ô ironie ! — errer un chien sans collier... Elle n'a pas réclamé.

Outre le refuge de Mlles Claude Bernard, qu'il n'est point permis de visiter, les membres de la ligue ont trois hôpitaux à leur disposition.

Le premier, qui est à Arcueil-Cachan, est la propriété de la Société protectrice des animaux. L'immeuble a coûté 30,000 francs. On y dépense par an une quinzaine de mille francs. Les pensionnaires y ont tous les jours du pot-au-feu composé de portions égales de viande de bœuf et de cheval et de débris de légumes. On réduit le tout en pâtée. Doit-on assez plaindre le bœuf et le cheval qui l'ont fournie !

Les deux autres refuges sont à Asnières. L'un

est la propriété de Mme Donon, l'autre celle de Mme Guyonnet.

Dans ces quatre hôpitaux, les animaux sont conservés indéfiniment. Ils y meurent de vieillesse, à moins qu'une âme charitable ne les adopte à l'extérieur. Hélas ! il n'y a, en dehors de la ligue, d'âmes charitables que pour les jolies bêtes...

Le grand souci de nos ligueuses est d'arracher le plus d'animaux possible aux abominables savants qui, au nom de l'humanité, leur font souffrir le martyre.

Selon Mme Anna Kingsford, l'homme n'est pas le roi de la terre. Il en est le tyran.

— Un jour, à Paris, dit-elle, il m'est arrivé, en suivant une rue, de m'arrêter devant un magasin où l'on exposait dans la vitrine la gravure d'un tableau du moyen âge. On y voyait la représentation des peines de l'enfer, et les tortures des âmes damnées. De tous côtés, des démons armés de scies, de fers rouges, de griffes et de feu, s'agitaient autour des malheureux, dont les corps, déchirés, ensanglantés, éventrés et brûlés, présentaient un hideux spectacle. Je me détournai avec étonnement et dégoût de cet affreux tableau, quand tout à coup une idée vive s'empara de mon esprit. Si seulement, au lieu de ces êtres de forme humaine, condamnés aux peines infernales, on mettait là, à leur place, des figures d'animaux, on aurait, devant les yeux, une représentation fidèle du laboratoire du vivisecteur moderne. Et cependant, il y a deux points de différence capitale à noter. L'enfer de l'Église a été imaginé comme mesure de justice pour la punition des malfaiteurs : l'enfer de la science, c'est une vérité terrible, et ses victimes sont non seulement innocentes, mais encore incapables de crime !

Les ligueuses répandent, d'abord en France, puis dans le monde entier, des brochures où sont reproduites des gravures extraites des ouvrages de Claude Bernard. Il est vrai qu'ainsi groupées côte à côte, ces gravures où sont ligaturés, perforés, démembrés, des animaux vivants donnent la chair de poule.

Il est surtout reproché aux vivisecteurs de ne pas se hâter, mais de pratiquer au contraire toutes les opérations *lentement,* en notant chaque incident qui se produit et *chaque expression de souffrance* manifestée par l'animal sous l'odieux scalpel.

— On pourrait peut-être se moquer de nous, me dit Mme Huot, si nous ne nous occupions que des animaux, mais dites bien que, si nous les aimons, c'est surtout à cause de leur analogie avec les hommes. En tout cas, notre pitié ne s'arrête pas aux chiens et aux chats. Nous protestons de même contre la peine de mort, contre les souffrances de toute nature infligées aux hommes. Nous croyons uniquement être bonnes, et nous nous efforçons de l'être pour tout ce qui vit. Ainsi voilà plusieurs fois que vous causez avec moi. Est-ce que nos idées m'ont rendue *raseuse?*

— Oh! madame, le vilain mot, qui ne saurait en rien vous être appliqué!...

Mme Huot est poète.

Naturellement ses sonnets, comme sa vie, sont voués aux animaux.

En voici un qui a été inspiré par un cheval et qui, malgré la bonne volonté, reste néanmoins inférieur aux admirables vers que Victor Hugo a consacrés au même animal :

Le cheval mort

Il venait de tomber, saignant de coups atroces.
Ce carcan s'étalait dans un tas de crottin.
Rosse, il était crevé comme crèvent les rosses,
Devant son cocher soûl qui jura : Cré mâtin!

Les voyous s'arrêtaient et se faisaient des bosses
De rire avec ce corps. Une dame en satin
Se mit à rire aussi de leurs lazzi féroces.
Vint une vieille qui, voyant ça, dit : « Catin,

« Fais donc la mijaurée avec tes gants de perle !
« Si ça ne fait pas suer, cette grue et ce merle
« Qui jettent leur mépris à ce pauvre cheval !... »

Et la vieille, sa hotte et son croc sur l'échine,
Soulevant doucement le front de l'animal :
— T'es maigre, pauvre ami ! C'que c'est que la débine !

A plusieurs reprises, on a eu l'idée de montrer aux Parisiens des courses de taureaux. Chaque fois, la Société protectrice des animaux s'est émue et a même réussi à les empêcher. Or, à la fin de 1886, le Comité du Parlement et de la Presse allait décidément en donner trois au profit des inondés.

A l'horrible nouvelle, les membres de la Société protectrice des animaux se sont dressés. N'était-ce pas inévitable ? A eux se sont jointes les anti-vivisectionnistes. Quelques anarchistes se sont également ralliés. Cela a donné un peu de gaieté à la protestation.

L'annonce seule du meeting que cette triple alliance avait préparé pour l'avant-dernier dimanche de décembre à la salle Favié, était assez amusante. On y lisait :

« Le Comité des fêtes pour les inondés du Midi veut organiser, à Paris, les courses de taureaux, sous prétexte de charité.

« Il y aura des chevaux éventrés, des taureaux égorgés — peut-être même des hommes tués ou blessés. Le sang coulera, rouge et fumant, dans l'arène, pour égayer la tourbe des cocottes et des grandes dames, des petits crevés et des bourgeois blasés.

« On empruntera à l'Espagne catholique et monarchique les jeux infâmes de la décadence romaine, dans le but, sans doute, d'en renouveler les saturnales et les massacres.

« C'est à vous, socialistes de Paris, de donner une leçon d'humanité à ceux qui l'oublient. »

Le tout était signé : Marie Huot, secrétaire de la ligue anti-vivisectionniste, Félix Pyat, Chabert, le docteur Castelnau, etc.

A une heure et demie, on forme le bureau. Le docteur Castelnau est nommé président. Il allait prendre place quand il voit entrer Félix Pyat.

« Citoyens, s'écria-t-il, je crois répondre au désir de tous en m'effaçant devant le grand socialiste. »

M. Félix Pyat hésite.

« Vous me mettez, citoyen, dans un grand embarras. J'ai toujours protesté contre la présidence, que je considère comme une forme, un *chicot* de la royauté. »

On insiste. Il consent en disant :

« Ma seule excuse est que ma présidence ne durera pas sept ans comme celle de M. Grévy et qu'elle ne coûtera pas un million six cent mille francs par an. »

Le secrétaire lit les lettres des adhérents.

Les correspondants commettent tous la même erreur que l'affiche. Jamais le Comité n'a pensé à montrer des chevaux éventrés, des taureaux égorgés. Le sang rouge ne fumera pas dans l'arène. M. Paul de Cassagnac ne veut pas plus renouveler les saturnales que M. Clémenceau les massacres de la décadence romaine.

Les courses espagnoles, d'ailleurs, ne sauraient plaire aux Parisiens qui ont, pour la plupart, le cœur sensible. Le Comité n'a demandé au ministère que la permission de donner le spectacle très mouvementé, très amusant, des ferrades et des courses landaises. Les ferrades sont si peu criminelles, qu'au meeting royaliste de la Camargue, on nous en a fait voir entre la messe et le dîner. Les taureaux eux-mêmes semblaient y prendre un grand plaisir.

Mais telle n'est pas l'opinion de Mme Huot !

« Le Midi, s'écrie-t-elle, a trois plaies : les superstitions religieuses, la sorcellerie et les

courses de taureaux... Le comité croit flatter le
Midi en lui empruntant ses coutumes les plus
barbares... Aux femmes qui jadis enfonçaient
le bout de leurs ombrelles dans les plaies béantes
de nos pauvres fédérés, on veut donner la satisfaction de voir des ventres de taureaux s'ouvrir...
Le gouvernement lui-même est content d'abrutir
le peuple en lui faisant perdre la notion du juste
et de l'injuste... On vous dira qu'on ne tuera
aucun animal. C'est par les parades qu'on commence. On arrivera ainsi à vous donner de
vraies courses en 89... »

Parmi les spectateurs se trouve un chien, un
vrai, qui aboie.

« Citoyens, dit tragiquement Félix Pyat, écoutez la voix de cet animal qui plaide lui-même la
cause des animaux. »

Mais la chose va se gâter. L'anarchiste Devertus,
rédacteur au *Cri du peuple,* monte à la tribune :

« Compagnons, s'écrie-t-il, cela tourne à la
manie. Il faut toujours que vous protestiez. Et
qu'en résulte-t-il? Zéro franc, zéro centime.
Voilà qu'aujourd'hui vous protestez contre les
courses de taureaux ! Cela vous fait plaisir, mais,
pendant ce temps-là, vous empêchez les citoyens
de se rendre salle Chayne où les ouvriers sans
travail traitent des vraies questions sociales, bien
plus-intéressantes que les courses de taureaux.

Laissez les bourgeois et leurs cocottes s'amuser comme ils veulent et tâchons, sacrebleu ! de nous procurer de l'ouvrage ! »

« Oui, oui ! »

Ce discours pique Louise Michel qui vient établir que toutes les questions sont solidaires et que le cœur humain doit être assez large pour que tous les taureaux du monde y aient place.

« Quant à la réunion de la salle Chayne, j'ai également promis de m'y rendre. Maintenant que j'ai dit ce que j'avais à dire, j'y vais. »

Par malheur, toute une foule la suit. La Vierge rouge, qui avait déjà gagné la rue, revient à la tribune :

« Citoyens, n'allons pas ainsi en bande. La police ne cherche que l'occasion de s'emparer de nous. Moi, ça m'est bien égal d'être arrêtée, mais vous, vous n'y êtes pas habitués ! »

On rit et on recommence.

Le docteur Castelnau, qui est du Midi, raconte les férocités qu'il a vues dans certaines courses de taureaux. Un anti-vivisectionniste brandit une banderille à pointe de fer et garnie de rubans.

« Voilà avec quoi on excite les taureaux !

« Oooooh !... »

Il y a là trop de dames zoophiles pour que des

alexandrins ne soient point de la fête. On lit des vers. Passons.

Le tout finit par cet ordre du jour, que Félix Pyat fait voter à l'unanimité :

« Les socialistes de Belleville somment le gouvernement d'interdire les *Courses de taureaux*. »

Mais c'est déjà fait, citoyens. Il y a longtemps que c'est fait. Votre sommation est aussi vaine que l'ordre du jour déposé au Conseil municipal par M. Delabrousse :

« Le Conseil invite M. le préfet de police à interdire dans Paris les courses de taureaux projetées. »

Faut-il répéter que le ministère n'a autorisé que les courses landaises et les ferrades ? Vous auriez dû chercher, compagnons et compagnonnes, pour faire de la réclame, un motif plus sérieux.

Et durant les fameuses courses, elle était à l'Hippodrome, la pauvre Mme Huot. Elle y était, sifflant, sifflée aussi.

On a dû l'expulser.

Elle s'était vengée d'avance du dédain public, comme peut le faire une femme qui ne connaît que les animaux, — par un sonnet à la fois zoophile et zooclaste. Le voici :

Devant la porte des lions au pavillon de Flore.

Les lions se dressaient sur leur socle de pierre ;
Ils regardaient, altiers, dans l'infini du soir,
La prunelle figée au fond de leur paupière,
Sous la lune estompant leur silhouette en noir.

En bas, le poil hirsute et sale de poussière,
Un maigre chien, rôdeur affamé du trottoir,
Qui vaquait sur les tas, gambillant du derrière,
Étonné, tout à coup, s'arrêta pour les voir.

Ces deux sphinx l'irritaient. Une haine de race
Le hérissait, lui, vil mâtin crotté de crasse.
Alors, pris d'un besoin rageur d'engueulement,

Ce roquet aboya des insultes comiques
Avec je ne sais quels défis voyoucratiques
Et sur leur piédestal compissa largement.

Et, six mois après, nouvelle rentrée en scène.

Les lapins que Paul Bert enfermait dans une boîte chauffée à 85 degrés souffraient évidemment moins que le public qui se pressait le 7 août 1887 dans la salle de la Société d'Encouragement.

J'ai eu, ce jour-là, une idée très précise de

ce que peut être la chambre de torture, que
Mme Huot reproche tant aux disciples de Pasteur.

Il est vrai que la pauvre organisatrice de cette
réunion a été, selon son habitude, encore plus
torturée que son public.

Elle a la rage d'interrompre. Elle sait pourtant
par expérience combien les interruptions sont
lancinantes, insupportables. Il lui a été impossible de dire un mot sans soulever des protestations.

Nos grands vivisecteurs, MM. Brown-Séquard,
Charcot, Brouardel, Pasteur, avaient été con-
voqués. Naturellement, ils se sont dispensés
de répondre à l'invitation, mais leurs élèves les
remplaçaient.

Ils se sont chargés de les venger.

La séance avait commencé par des projections
assez intéressantes. M. Félix Flandinette nous a
montré en couleur, sur un drap blanc tendu, les
scènes qui se passent, d'habitude, dans la chambre de torture.

« Mettez-vous ici, vous verrez mieux, dit le
président, le commandant Maréchal, à une jeune
dame qui fait partie de la ligue contre la vivisection.

— Merci bien, dit-elle. Je me suis placée ici
pour ne pas voir. Cela me ferait mal. »

La vérité est que les pauvres animaux, enchaînés sur des claies, ayant les artères perforées ou rôtissant dans un four, ont bien piteuse mine.

Le spectacle terminé, Mme Marie Huot a la parole.

Ici une parenthèse charitable. La conférencière, quand elle sifflait à la Sorbonne ou à l'Hippodrome, était absolument maigre, oui, maigre comme une lame d'épée. Moins d'un an après, elle était grasse et dodue comme deux pêches. Je m'en étonne.

« Eh ! oui, mon cher, dites cela à celles de vos lectrices qui regrettent d'être maigres. Je suis devenue végétarienne. Je ne mange que des légumes. Je ne bois que de l'eau. Vous voyez le résultat. »

Mais la voici qui monte à la tribune. A partir de ce moment, ce ne sera plus, dans le tapage, qu'un dialogue incessant.

« J'ai le devoir de me demander tout d'abord si la vivisection est utile ou si elle est inutile.

— Elle est nécessaire ! crie un étudiant.

— L'animal a sa place marquée dans l'échelle des êtres.

— Oui, mais au-dessous de celle des hommes.

— Il est susceptible de perfectionnement physique et même moral.

— Plus de biftecks alors ?

— Les vivisecteurs taillent dans la chair vivante. Ce sont des assassins.

— Vous insultez nos professeurs !

— Ils m'appellent imbécile, folle, idiote. J'ai bien le droit de dire ce que je pense d'eux. Sur quel dogme s'appuient-ils pour commettre leurs crimes ? Qui pourrait dire que leur science est infaillible ?

— Faut-il brûler la Sorbonne ?

— Combien d'animaux sont plus utiles que les hommes !

— Décidément mieux vaut chanter : Vive Boulange !

— Ah ! messieurs les étudiants, je ne croyais pas avoir si grand succès. La cause de vos sifflets, je vais vous la dire : Vos examinateurs seront d'autant plus indulgents que vous m'aurez plus interrompue.

— Vous les calomniez. »

Le brouhaha augmente encore. Une des plus acharnées protectrices des animaux, Mme Nelle, se met à crier :

« Monsieur le président, et votre sonnette ? »

Le président se lève :

« Madame Nelle, je vous aime beaucoup…

— Ohhhhhh !...

— Mais, dans votre dévouement à notre cause, vous dépassez la note. Voilà plusieurs fois que je vous examine. Vous faites autant de bruit que les interrupteurs. »

De son côté, une autre ligueuse, Mme Guyonnet, se démène énergiquement. Elle menace du poing les étudiants.

« Si vous saviez le plaisir que j'aurais à vous poignarder !.. »

Enfin, il y a une accalmie. Mme Huot reprend :

« D'après vos professeurs, la science a le droit d'invoquer la souveraineté du but. Mais où allez-vous avec ce système ? Vous sacrifiez les animaux dont vous avez besoin, demain vous en arriverez à tuer les parents qui vous gênent. Le sentiment, d'ailleurs, naît de la sensation. L'habitude de la vivisection en arrive à vous rendre féroces. Il en est qui attendent l'heure des expériences avec une rage de cannibales.

— C'est stupide !

— Vos professeurs eux-mêmes ne peuvent raconter leurs expériences sans que les remords les étranglent. Paul Bert a dit : « Oui, il est honteux de prendre un animal, de le clouer sur un appareil et de fouiller ses chairs. »

— C'est la première partie d'une proposition. Lisez la suite.

— Je prends dans vos livres ce qu'il me plaît d'y prendre. Je reconnais que Paul Bert a déclaré ensuite que la vivisection est nécessaire. Ce n'est pas seulement un assassin, c'est un âne.

— Vous piétinez sur un cadavre.

— J'aime mieux piétiner sur son cadavre que sur celui d'une de vos victimes. »

Le vacarme est tel que trois mandarins qui ont été invités à la conférence, Lin-Fau, Ké-Hong-Nien, Hsu-Chéou-Zen, prennent peur et se sauvent.

Le président suspend la séance.

On profite de l'entr'acte pour aller boire des bocks. Cela excite davantage les interrupteurs.

Quand Mme Huot veut reprendre sa conférence, on crie : Vive Pasteur !

Au milieu du vacarme, elle essaie de continuer l'exposé de ses théories. Pour elle, la méthode pastorienne n'est que banquisme et charlatanisme.

On la hue.

Pourtant, le docteur Castelnau, donnant raison à Mme Huot, déclare que la vivisection ne fait pas avancer la science, puisque autrefois, dans les hôpitaux, il ne mourait qu'un malade sur 8, tandis que maintenant il en meurt 1 sur 6.

Nouveau bruit. Protestations des étudiants. M. Brunsvieque, externe à la Pitié, prétend avoir la parole. Il a dix-sept ans. Les dames animophiles l'envoient acheter de la barbe.

Bref, la réunion finit dans un brouhaha indescriptible. Le président est forcé de se couvrir. Mme Huot est ravie. Elle prétend que, si on crie tant, c'est qu'elle a frappé juste.

Elle se promet de recommencer à brève échéance dans une salle encore plus vaste.

Mme Guyonnet, de son côté, est enchantée que la séance ait pris fin. Il y a trois heures qu'elle n'a vu ses trente-neuf chiens. Les malheureux ont peut-être soif !

Et, le lundi, 29 octobre 1888, elle réapparaissait en effet, Mme Huot, mais dans la même salle où les étudiants, provoqués d'ailleurs par ses affiches, n'avaient pas manqué de venir.

Par malheur, c'était généralement le docteur Castelnau qui présidait les séances des antivivisectionnistes. Aussi, dès qu'on a vu le citoyen Avronsart monter sur l'estrade, s'est-on mis à demander : Castelnau !

Vainement Avronsart, pour gagner les sympathies de l'assemblée, rappelle-t-il que c'est Victor Hugo qui a été le premier président de la Ligue. « La poésie n'a rien à faire avec la science ! » s'écrient les étudiants qui huent cette phrase du grand homme : « La vivisection est un crime ! »

La conférencière apparaît. Les étudiants l'acclament ironiquement. La lumière électrique brille. Les étudiants applaudissent.

« Éclairez donc leur cervelle! » crie une ligueuse au président.

Pour se mettre en voix, la conférencière boit un verre d'eau.

« A votre santé! font les jeunes gens.

— A la vôtre ! répond sans se démonter Mme Huot, qui en a vu bien d'autres.

— Qu'avez-vous fait de Castelnau ? » lui demande-t-on.

Et comme cela tout le temps. On sait, hélas! ce qu'il est advenu du docteur...

« Des quatre savants que nous nous sommes permis d'inviter, MM. Pasteur, Ferran, Gamaleïa et Verneuil, dit tranquillement la ligueuse, un seul, M. Ferran, a bien voulu s'excuser.

— Et Castelnau, s'est-il excusé, lui?

— En présence de l'accueil qui nous est réservé par nos jeunes *apprentis* en médecine...

— Ah ! mâtin ! ce n'était pas un apprenti, Castelnau. »

Les ligueuses ont la réputation d'être toutes plus ou moins révolutionnaires. Une vieille dame

vêtue de noir vient s'asseoir aux places réservées.

« Vive Louise Michel ! » crient les étudiants.

La vieille dame qui n'a pourtant de commun
que l'âge et la toilette avec la Vierge rouge, se
contente de lever l'épaule.

Pour Mme Huot, Pasteur n'est qu'un *réclamier*.

« N'insultez pas un prince de la science, lui
dit-on. Travaillez et vous l'admirerez.

— Oh ! je ne lui en veux point. S'il n'existait
pas, nous devrions l'inventer pour le succès de
notre cause. Quant à lui, il se contente d'inventer des microbes, de leur donner des noms
extraordinaires et de les mettre en circulation
dans le monde savant. Il n'en a pas fallu davantage pour que la réputation de ce Mangin de la
médecine « dépasse les îles Sandwich ».

— Et celle de Castelnau ?

— Oui, messieurs, célébrez tant que vous le
voudrez l'immortel Pasteur, père de la microbie,
cela ne rendra pas la vie aux 148 malheureux
qu'il a tués. J'ai là des chiffres.

— Dites-nous celui des gens qu'il a guéris.

Mme Huot réplique en se tordant :

— Ah ! quel homme, quel génie, quel chimiste ! »

Les lecteurs ont maintenant une idée suffi-
sante du ton de la conférencière plus gouailleuse

que jamais, ayant parfois des gestes de comédienne, riant au nez des interrupteurs, attendrissant seulement sa voix quand elle parle des pauvres victimes de la vivisection ou des cadavres faits par M. Pasteur.

« Mais nous sommes au théâtre! disent les étudiants. Ce n'est pas sérieux. Si vous voulez qu'on vous écoute, travaillez. »

Le tumulte devient tel qu'à la fin Mme Huot s'écrie : « Eh bien! quand il vous plaira de vous taire, je continuerai », et elle s'assied, les bras croisés, silencieuse.

C'en est fini du principal intérêt de la conférence. Les étudiants se retirent. Mme Huot reste seule en compagnie de ses ligueuses, qui applaudissent frénétiquement tout ce qu'elle dit, même cette histoire plus ou moins authentique :

Dans le cours d'une mission aux Indes, le docteur Gamaleïa se serait écrié, en montrant un de ses flacons à microbes : « Il y a là de quoi tuer en vingt-quatre heures l'homme le plus robuste. » Un médecin sceptique aurait saisi le flacon, ingurgité la liqueur et serait venu, le lendemain, très bien portant, prendre des nouvelles de la santé de M. Gamaleïa !

On n'ignore pas que ce dernier, élève préféré de M. Pasteur, était en 88, un des candidats au prix de 100,000 francs décerné par l'Académie des sciences. Mme Huot reproche même à M. Pasteur d'avoir été, en la circonstance, le rapporteur des travaux de son disciple...

Mais revenons à la réunion du 29 octobre; elle a fini par une quête au profit de deux anti-vivisectrices pauvres qui recueillent les chiens errants. Le plateau a été loin de déborder. C'est donc en vain que la conférencière a dépensé si courageusement son éloquence et son esprit. Elle a obtenu pour elle beaucoup de bravos et d'injures, peu de sous pour son œuvre.

XXI

Le Japon à Paris.

En septembre 1887, les journaux annoncèrent l'arrivée à Paris de M. Kawadji, *commissaire de police* à Yeddo.

Son voyage et surtout son titre surprirent. Les deux pourtant s'expliquent facilement.

Il faut d'abord savoir qu'en 1879 le gouvernement japonais était très mécontent de sa police.

Il délégua en Europe une mission composée de huit personnes, chargée d'étudier les différents systèmes spéciaux employés par les grandes puissances. La mission, qui a visité tour à tour Londres, Berlin, Vienne, etc., est restée plus de trois mois à Paris.

M. Andrieux était alors préfet et M. Caubet déjà chef de la police municipale.

Autorisés par le gouvernement, ces messieurs

se conformèrent au désir des huit membres de la mission et les mirent à même d'examiner de près les innombrables rouages de notre police.

Cinq ans se passent. Nous sommes en 1884. C'est maintenant M. Camescasse qui est préfet. Une nouvelle mission japonaise se présente.

Celle-ci ne se compose plus que de six membres, dont pas un n'est encore venu à Paris.

Parmi eux est M. Kawadji.

Les Japonais font passer leurs cartes à M. Caubet. Au grand étonnement de ce dernier, chaque nom est suivi d'une mention correspondant à l'un des titres des hauts fonctionnaires de notre administration.

Ainsi que les membres de la première mission, tous ceux de la deuxième parlent admirablement le français.

« Mais, si j'en juge d'après vos cartes, messieurs, nous sommes entre collègues?

— Absolument. »

Ma foi, notre police, si souvent critiquée, avait besoin d'être encouragée. Or, rien ne saurait mieux la relever que le choix qu'a fait en 1879 la première mission japonaise. Entre tous les systèmes en vigueur chez les grandes nations, c'est celui que nous pratiquons qui a été adopté par le Japon, mais adopté depuis A jusqu'à Z.

« Tout se tient si bien chez vous, monsieur, dit le chef de la mission japonaise à M. Caubet, que nous n'avons pu rien y changer. Yeddo est divisé en quinze arrondissements. Dans chacun d'eux nous avons un officier de paix. Chaque arrondissement est partagé, comme chez vous, en quatre quartiers ayant chacun son commissaire de police. Nous avons comme vous des postes d'où partent nos gardiens, qui marchent comme les vôtres. Bref, la ressemblance est telle que nos gardiens de la paix sont habillés absolument comme ceux de Paris. Le képi japonais ne diffère du képi français que par son galon qui est chez nous un peu plus large. De la sorte on le voit de plus loin. Enfin, vous pourriez venir à Yeddo, vous asseoir dans le bureau du chef de la police municipale. Écritures à part, vous vous croiriez dans ce bureau. Tout le personnel fonctionne de même. Seulement les divisionnaires se rendent à la préfecture à cheval. Nous avons dû leur fournir une monture à cause de la longueur des distances.

— Alors, messieurs, dit M. Caubet, me permettez-vous de vous demander le but de cette nouvelle mission?

— Mais nous venons étudier les améliorations que vous avez dû faire depuis cinq ans. »

C'était un coup droit. Heureusement pour lui, M. Caubet était à même de le parer.

Il avait modifié le « roulement des gardiens », établi des rondes volantes croisant les rondes ordinaires, enfin créé ce qu'il considère comme sa grande œuvre : des rondes en bourgeois qui, comprenant trois cents gardiens, battent Paris, la nuit.

La mission étudia avec une grande minutie chacun de ces perfectionnements, bien plus compliqués qu'on ne pense.

Elle passa quinze jours à Paris et se rendit ensuite dans les autres capitales européennes.

Et voilà de nouveau chez nous, en 1887, M. Kawadji, non plus celui qui est venu en 1884, mais le fils de celui-ci.

Cette fois, la mission ne se compose que de lui. Comme ses prédécesseurs, il restera une année en Europe et étudiera les différentes préfectures de police des grandes nations.

M. Kawadji fils est un jeune homme de vingt-quatre ans. Il parle le français comme s'il était né à Paris. Petit comme Édouard Philippe, il est très élégant de formes et totalement imberbe. Il est vêtu à l'européenne et tellement

au courant de nos usages, qu'il avait un habit
au fond de sa caisse.

Un soir, M. Caubet lui donna sa place pour
Faust.

Il lui demandait le lendemain s'il avait passé
une bonne soirée.

« Oh! délicieuse, c'est tout à fait splendide.
Seulement il faut croire que vous exagérez
quand vous dites que je parle bien le français.
Je n'ai pas compris un traître mot à la pièce. »

Puis comme il n'est pas venu seulement en
France pour aller à l'Opéra, M. Kawadji a prié
M. Caubet de le prendre pour secrétaire pendant la matinée. Il a étonné au plus haut point
le chef de la police municipale. Il sait tout. Il
voit tout. Ce qu'on ne lui montre pas, il demande à l'examiner.

L'après-midi, M. Brocheton, inspecteur divi-
sionnaire, lui a expliqué le fonctionnement des
agents employés aux voitures publiques.

Un seul fait donnera une idée de l'esprit
d'observation de M. Kawadji. Un manteau
d'agent traînait sur un meuble.

« Tiens, ce manteau est nouveau.

— Oui, il n'y a encore que la moitié de nos
gardiens qui en ont. On est en train d'en faire

pour les autres. Voyez-vous, il a l'avantage d'être très léger, de ne point laisser passer l'air et d'être imperméable.

— Vous m'en céderez un, dit M. Kawadji. Je le soumettrai à notre chef de la police municipale. »

Naturellement l'unique membre de la troisième mission japonaise devait trouver à Paris un troisième préfet de police.

Selon les instructions de M. Gragnon, le commissaire japonais s'est trouvé chez lui non seulement à la préfecture, mais dans tous les commissariats, dans tous les postes où il a désiré se rendre et où l'a conduit M. Brocheton.

Une conclusion s'impose.

Comment se peut-il que nous ne fassions pas, nous, ce que font les Japonais? C'est notre système administratif qu'ils ont choisi. Soit. Mais rien ne nous prouve que les représentants de notre police ne trouveraient pas à Londres, à Berlin ou ailleurs, l'idée de certaines améliorations dont nous n'aurions qu'à nous louer.

Je me suis permis d'en faire l'observation tout haut devant les principaux intéressés, et savez-vous ce qu'ils m'ont répondu :

« Et l'argent? »

Eh bien! que l'argent soit ménagé en pareille matière, c'est honteux.

Et si une nouvelle mission japonaise était revenue l'an d'après à Paris, elle se fût trouvée en présence d'un quatrième préfet de police, M. Lozé.

On est si stable, chez nous!

XXII

Les Institutrices à table.

C'était en 1888, à Grenoble, pendant le voyage du Président Carnot. Le très aimable M. Édouard Lockroy, alors ministre de l'instruction publique, notre confrère de naguère et de demain, a bien voulu m'inviter à prendre part au banquet qui lui était offert par les institutrices et les instituteurs de la Seine.

Ce banquet eut lieu le mercredi 25 juillet suivant.

600 couverts, s'il vous plaît.

Et d'abord, tous mes remerciements aux organisateurs. Pour la première fois, j'ai vu s'asseoir, à la table de la presse, des représentantes du journalisme féminin. Elles sont bien mieux que mes confrères ordinaires.

Il faut dire aussi qu'on a généralement le tort de calomnier les institutrices. On croit qu'elles ressemblent toutes à Mlle Barberousse. Il en est d'exquises. Je vous jure que celles qui, avant le dîner, prenaient le madère dans les jardins du Salon des Familles étaient absolument délectables. Seulement, tout à coup, on crie : Le Cinquième ! Les voilà qui disparaissent. Ces dames et demoiselles étaient en effet classées par arrondissement. Devant la longue table d'honneur où le ministre avait à sa droite ou à sa gauche MM. Songeon, sénateur ; Jacquemard, Mesureur, etc., députés ; Jacques, président du Conseil général ; Longuet, Piperaud, Chautemps, Viguier, de Ménorval, conseillers municipaux ; Carrieau, directeur de l'enseignement, etc., vingt et une tables, dont une par arrondissement, et celle du milieu pour la presse. Ah ! nous étions très bien ! Ce que nous avons regardé !… A signaler surtout, à la cinquième table, la blonde aux yeux noirs, en robe violette, sans pendants aux oreilles, qui ressemblait tant à Mlle Darlaud ! Par malheur, là aussi, les discours étaient inévitables.

C'est d'abord M. Viguier qui, sous prétexte de boire à la République, se lève. Il va jusqu'à parler de la *fraternisation*. Nos instituteurs du moins ne redoutent pas les néologismes. Puis c'est M. Devillers, le président de la Société, qui prend la parole. On va voir avec quelle grâce il manie l'encensoir :

« Monsieur le ministre, c'est un des plus modestes fonctionnaires de l'Université, *dont vous êtes le grand maître*, qui se trouve désigné pour vous adresser la parole au nom des institutrices et des instituteurs publics de la Seine. »

Naturellement, M. Devillers ne manque pas de rappeler à M. Lockroy qu'il a été le premier élu de la Seine.

Il remercie ensuite les nombreux sénateurs, députés et conseillers municipaux qui honorent cette fête de leur présence, et n'oublie point de parler de l'enseignement *pédagogique*. Je ne peux pas vous dire l'effet que produit sur moi ce mot. Quand on le prononce, je crois qu'on me mord.

Mais tout à coup une perle :

« Maîtres et maîtresses vous aiment et vous admirent. »

M. Lockroy, bien que modeste, se rengorge. L'orateur continue :

« Déjà vous devinez que nous allons vous entretenir de la loi sur les traitements? C'est vrai. »

Comment, il va y avoir une carotte alors ?

Cela me gâte la fête. Je n'aime pas qu'on fasse payer si vite.

« Le vote définitif de cette loi est attendu. »

Évidemment, le sort des instituteurs, en province surtout, est fort intéressant ; mais n'aurait-on pu ce soir manger tranquillement et parler d'argent demain ? Soudain voilà un mot qui soulève des rumeurs :

« Nous saurons faire des enfants... qui nous sont confiés... »

On n'a pas attendu le dernier membre de phrase pour faire : « Oh! » L'art oratoire rencontre tant de pièges à loup ! Coup d'encensoir final :

« En terminant, nous déclarons hautement et sincèrement que la République peut compter sur les instituteurs, comme les instituteurs comptent sur la République. »

Cela ressemble absolument à une « roublardise. » Impossible de comprendre autre chose que ceci : Augmentez-nous ou nous vous lâchons

En ce moment, M. Lockroy me fait passer une lettre étrange, qu'il vient de recevoir. C'est la ligue fédérative d'action républicaine radicale, section du onzième arrondissement, qui présente au « citoyen ministre » l'expression de son entier dévouement.

En post-scriptum ces mots bizarres :

« Soyez tranquille, la ligue veille ! »

M. Lockroy se lève à son tour. Il commence naturellement par rendre hommage aux « éminents éducateurs du peuple » qui l'entourent :

« Quelle différence entre les instituteurs d'aujourd'hui et ceux du temps passé ! Que faisait de vous la Monarchie ?

— Des fossoyeurs, s'écrie quelqu'un.

— Le curé, reprend le ministre, était le maître de l'instituteur. La République vous a vengés en vous élevant des écoles en face de l'église. Votre situation morale est agrandie. Vous avez aujourd'hui le rang que vous méritez. Aussi suis-je heureux de vous apprendre que la première loi qui sera votée à la rentrée du Sénat sera la loi que vous demandez, la loi des instituteurs. »

Alors est poussé ce cri étrange :

« A bas le Sénat ! »

Il y a vraisemblablement des instituteurs qui ne comprennent pas leur ministre. Néanmoins, tout finit par des applaudissements. Le banquet est terminé.

Si les institutrices ont regagné seules leur logis, c'est que décidément les instituteurs sont incapables d'enseigner la galanterie.

XXIII

Le commandant Poisson.

Un type éminemment parisien.

Un quarante-huiteux persistant.

A la fin de l'Empire, il y eut un homme qui refusa de payer l'impôt, sous le prétexte que celui-ci servait à l'entretien d'un gouvernement infâme.

Les républicains appelèrent cet homme un héros, utilisèrent des flots d'encre à le célébrer quand le fisc eut fait vendre sa vache.

En 1871, on le nomma membre de la Commune.

Depuis on en a fait un député. Est-ce de cela qu'il est mort?

Eh bien! les mêmes républicains qui ont acclamé Gambon se trouvent depuis deux ans dans une singulière situation. En 1887, ils ont fait vendre sans bruit, non un réactionnaire qui ne voulait pas entretenir la République, mais un vieux républicain qui ne veut pas que le Conseil municipal dilapide les finances de Paris.

Au commencement de janvier 1888, s'étant une fois de plus refusé à payer l'impôt, il a été saisi de nouveau.

Voici l'acte qui en fait foi :

« L'an 1888, le 9 janvier, je soussigné L. Moutier, porteur de contraintes, etc., etc., déclare que :

« M. François Poisson m'ayant refusé d'acquitter ses impôts, j'ai procédé à la saisie de ses meubles et effets et mis sous la main de la loi et de la justice les objets suivants :

« 1° Dans un bureau au rez-de-chaussée, 4, rue Saint-Fiacre, à Paris :

« Une table ; une presse à copier ; un petit encrier ; deux chaises ; un fauteuil ; un cartel ; une photographie encadrée représentant, groupés en tenue de guerre, les 84 officiers du 100ᵉ bataillon de Paris ; un fusil à pierre ; quatre pistolets ; une éprouvette ; un sabre ; une czapska d'officier polonais ; une coiffure de spahi ; deux képis ; une paire de bottes fortes garnies d'éperons, etc., etc., le tout très vieux et usé, etc., etc.

« Et j'ai signifié à M. Poisson que la vente des objets saisis aura lieu le samedi 21 janvier 1888, heure de midi, salle des ventes, rue Rossini n° 2, etc., etc.

« Coût du présent procès de saisie : 7 fr. 58.

« Ont signé : MOUTIER, HERDY,
MARCHAND. »

J'ai vu le lendemain M. Poisson dans le petit bureau qu'il occupe, quelques heures par jour, au fond d'une cour, rue Saint-Fiacre.

C'est un homme de soixante-cinq ans qui, habitué au travail, est encore représentant de commerce, mais qui n'aurait pas besoin de vendre des tissus pour vivre.

« Je suis moins gueux, dit-il, que la plupart de nos conseillers municipaux. Seulement je ne veux pas qu'on se pocharde avec mon argent. »

Il faisait allusion au bal que nos édiles devaient donner le 28 janvier courant à l'Hôtel de Ville.

En 1887, le lendemain d'un bal, il a visité dans la matinée le palais municipal.

« Dans la buvette, ajoute-t-il, il y avait par terre cinq centimètres de pâtisserie ; on avait vomi en vingt endroits ; il restait au pied d'une chaise un invité, absolument ivre, qui a même voulu boire avant de s'en aller. On ne prend pas à d'honnêtes gens le produit de leur travail pour offrir au peuple de telles orgies. »

M. Poisson a la voix brève d'un soldat. Il s'est signalé comme tel en 1848 et en 1870. Il me montre ses états de service. Voici ce que je copie sur un vieux parchemin :

« Nous soussignés, camarades du citoyen F. Poisson, honorant en lui des sentiments républicains bien antérieurs aux 22, 23 et 24 février, et sa conduite dans ces mémorables journées, déclarons lui faire hommage d'un sabre comme preuve d'estime et de sympathie, bien certains qu'il n'emploiera jamais cette arme que pour la défense de la liberté contre l'oppression.

« Paris, le 27 mars 1848. »

Suivent trente signatures.

Le sabre est saisi. M. Poisson s'en moque. Ses armes étaient également saisies l'année précédente. Comme il ne doit à la Ville que 171 fr., patente et centimes additionnels compris, on n'enlèvera pas tout.

L'huissier ne s'est-il pas contenté de prendre, en 1887, onze nappes qui, vendues à l'hôtel Drouot, ont encore produit du boni?

En 1870, M. Poisson commandait le 100ᵉ bataillon. Il me montre une lettre par laquelle l'amiral du Tillot mettait à sa disposition cinq croix pour lui et ses officiers.

Des copies de lettres, je détache cette réponse :

Paris, le 2 février 1871.

« Mon amiral,

« Au nom du 100ᵉ bataillon, je vous remercie de votre jugement beaucoup trop flatteur et de la trop bonne opinion que vous avez toujours eue de lui.

« En m'adressant votre honorée, hier, vous ignoriez sans nul doute, mon amiral, qu'en quittant les avant-postes de Choisy, le 29 janvier dernier, j'avais catégoriquement refusé à l'amiral commandant de ce côté, et cela par l'entremise de mon colonel, de remplir la feuille des récompenses destinées au 100ᵉ bataillon.

« Or, depuis ce jour, à jamais néfaste pour notre patrie, ma conscience n'a pas varié, et quoi qu'en dise le proverbe, aujourd'hui les morts seuls ont raison et ceux qui, comme le commandant du 100ᵉ bataillon, se portent bien, n'ont autre chose à faire que de se voiler le visage et de s'asseoir dans la cendre de leurs foyers éteints, le jour où il plaira au Prussien insolent d'entrer dans Paris. A quoi bon, mon amiral, nous parler d'aller au bois?

« Les lauriers sont à tout jamais coupés.

« C'est du fond du cœur, mon amiral, etc.

« Le commandant du 100e bataillon,

« FRANÇOIS POISSON. »

L'amiral Pothuau, en effet, avait mis antérieurement huit décorations à la disposition de M. Poisson, qui les a refusées parce que, selon lui, les vaincus n'ont point droit au signe de l'honneur. Il me paraît, néanmoins, avoir de plus beaux états de service que Gambon, ci-dessus nommé.

Mais je reviens aux faits en cause.

L'an d'avant, selon l'usage, le préfet de la Seine avait adressé au contribuable vendu une lettre-circulaire dans laquelle il l'invitait à faire valoir ses titres au dégrèvement.

« Je n'y ai aucun droit, répondit M. Poisson. Je ne trouve pas d'ailleurs les impôts excessifs. Je comprends qu'il faut qu'il y en ait; je les payerai quand on ne les emploiera pas illégalement à entretenir les fils des pétroleurs et à griser les électeurs. »

Et, en 1888 encore, il s'est laissé vendre.

Seulement il s'est vengé.

Sur tous les murs de Paris, il a mis cet appel :

« Qu'à la très prochaine orgie votée par la séquelle municipale tous les électeurs et travailleurs de Paris qui ne connaissent que de nom et de vue les cigares de la Havane, les vins de Madère et de Champagne, les pâtés de foies gras et ceux d'alouettes désossées, se trouvent place de l'Hôtel-de-Ville à neuf heures du soir ; j'y serai !! et nous verrons alors quelles forces armées ou quelles forces morales nous empêcheront de prendre part au Balthazar préparé seulement pour quelques-uns avec l'argent et le travail de tous. »

Cela eût animé l'entrée du bal. Par malheur, M. Poisson, empêché par les agents, n'a pu même approcher du palais municipal.

Il s'est vengé encore de sa déconvenue en chargeant un avocat de chercher par quel moyen il pourrait contraindre les conseillers municipaux à restituer les appointements qu'ils se donnent illégalement.

Il est habitué à la bataille.

Le voilà parti en guerre. Il ne déposera les armes que quand satisfaction lui aura été donnée. Sa fortune lui permet la patience et la lutte.

Et maintenant que vont faire nos édiles? Ils ont trop applaudi Gambon pour blâmer M. Poisson.

S'ils sont logiques, ils n'ont qu'un parti à prendre : lui donner le premier siège vacant et le nommer président du Conseil municipal !

Mais il faut croire que ce moyen n'est pas de leur goût.

Ils ont laissé l'affaire suivre son cours. La Ville a continué à poursuivre le protestataire, à la porte de qui M. Louis Moutier, huissier, a fait coller, dans la soirée du 19 janvier, une affiche de vente.

Le commandant n'a point bronché.

Deux jours après, il s'attendait à ce que, le matin, l'huissier selon l'usage, vînt procéder au récolement des objets saisis. M. Moutier n'est pas venu.

L'affiche fixait la vente à l'heure de midi.. Plusieurs amateurs des armes du poursuivi, quelques amis du commandant s'étaient, en dépit du temps, rendus à l'heure dite à l'Hôtel des Ventes. Fatigués d'attendre vainement, ils en sont partis deux heures après.

Le préfet de la Seine renonçait-il donc à vendre M. Poisson?

Pas du tout. Mais, à deux heures et demie seulement, des commissionnaires se présentaient chez le commandant et enlevaient, contre son attente, tous les objets à vendre.

A trois heures et quart, ces objets : table, bureau, presse à copier, dix pièces de toile d'une valeur de quinze cents francs en fabrique, fusil, sabre d'honneur, pistolets, souvenirs commémoratifs, etc., gisaient dans la cour de l'Hôtel Drouot.

Le commandant, qui accomplit ses actes jusqu'au bout, avait résolu, je l'ai dit plus haut, d'assister à la vente. A son grand étonnement, le commissaire-priseur, désigné sur l'affiche, Me Boulant, ne savait même pas, à quatre heures de l'après-midi, qu'il aurait cette vente à effectuer.

Pour le commandant Poisson, l'affaire s'élargissait. Ce n'était plus seulement contre l'emploi de l'impôt qu'il avait à protester, c'était encore contre la procédure administrative.

Vers cinq heures, il s'est rendu à cet effet chez M. Vercoutère, huissier, 33, faubourg Montmartre, et l'a prié de notifier à Me Boulant, commissaire-priseur, un acte aux termes duquel le poursuivi, alléguant la façon extra-légale dont l'enlèvement des objets a été opéré, fait toutes ses réserves quant au résultat de la vente. Coût de l'acte : 8 fr. 55.

Mais, en vérité, M. Poisson jouait de malheur.

Immédiatement après la rédaction de cet acte, il retournait à l'Hôtel Drouot.

On venait d'y vendre, en l'absence de Mᵉ Boulant, une partie des objets saisis, jusqu'à concurrence de l'impôt et des frais. Soit : sept pièces de toile qui, payées en fabrique 800 francs, ont été vendues 150 francs.

Il avait le droit de reprendre les autres objets, ce qu'il a fait.

Il a ensuite poursuivi à son tour le préfet de la Seine, qu'il rend responsable du préjudice qui lui a été causé et auquel il a demandé, mais vainement, des dommages-intérêts.

Fusil à piston contre fusil à aiguille, il sait qu'il perdra ; il tient toutefois à donner l'exemple et, vieux soldat, marchera, dit-il, jusqu'à la fin de la bataille.

Et, huit mois après, nouvelle protestation publique.

Voici, à titre documentaire, l'affiche qu'on a pu lire sur tous les murs de Paris :

Avis aux Contribuables

REFUS MOTIVÉ D'ACQUITTER L'IMPOT

Ainsi qu'en 1875, 1886 et 1887, je refuse l'impôt ; le Conseil Municipal de Paris, persistant à l'employer en dépenses aussi inutiles, aussi dangereuses qu'illégales, et les votes de ce Conseil puant plus fort que jamais la caque de la plus infecte démagogie ! Ces dépenses, vrais vols faits aux travailleurs, sont : 1° Le pourboire de **4,000** fr. annuels que, malgré *la loi*, prend chaque conseiller ;

2° Les sommes qui, mensuellement, sont allouées aux corporations, ainsi qu'aux soi-disant Prud'hommes ; celles que sans compter, des deux mains, le Conseil fait distribuer aux meneurs des grèves et de guerre civile en France ; meneurs dont la plupart sont des agents d'outre-Rhin, comme en 1859 et 1871 ;

3° Les énormes sommes dépensées pour bâtir des Palais, baptisés : *Bourses du Travail et du Commerce*, alors qu'en fait, ce sont des antres où la démagogie broie et broiera toujours *le travail et le commerce*, en attendant le tour de la France et de la République. — Non ! je ne veux pas que mon travail serve à des êtres sans foi et sans patrie, à prêcher journellement le pillage et l'assassinat ; à fomenter la haine sociale et la guerre civile ; à envoyer lesdits êtres se bien goberger à l'Étranger et dans toutes les villes d Europe, donner le spectacle du débraillement matériel et moral le plus méprisable ;

4° Je veux moins que jamais payer les festins sardanapalesques, qu'en Carnaval, à l'Hôtel-de-Ville, le Conseil Municipal de Paris offre à ses amis en démagogie et en franc-maçonnerie, festins dont le coût de chaque dépasse **300,000** fr.

sans compter le bris d'une partie du mobilier, *etc.*, *etc.*, *etc.*, *etc.*, *etc.* En résumé, toutes ces ruineuses, toutes ces viles dépenses dépassent *quarante* millions de francs annuels, alors qu'à beaucoup près la Ville de Paris n'a pas fini de payer les dividendes dus aux volés, aux détroussés, aux pétrolés, de Mars à fin Mai 1871;

5° Je veux surtout ne pas payer la somme de **2** fr. **44** c. qui, au milieu de cette année, m'a été avisée en supplément d'impôts, pour ma part dans la bâtisse et dans l'entretien des antres précités, car c'est me faire payer pour ramener le travail français aux vomissements du passé, c'est-à-dire aux corporations forcées, fériées et enrubanées; c'est vouloir tuer la *Liberté* individuelle, la plus chère et la plus divine de toutes.

Or, je le répète, je le crie à nouveau ici : en République démocratique et *libérale,* l'argent, le travail de tous, ne doivent être employés par l'État et les Municipalités, qu'en travaux d'utilité générale, que pour préparer et réussir la défense du sol et de l'honneur national. Mais c'est voler les travailleurs, que gaspiller, dans un intérêt de secte, les finances publiques ; c'est vouloir, à bref délai, l'effondrement de la République d'abord et de la France ensuite.

Je refuse donc encore une fois l'impôt, et, comme les autres années, je ne le paierai que saisi et vendu dans mon dur travail de tous les jours.

En plus, j'estime que, pour ne pas trouver d'imitateurs à Paris, il faut, en vérité, que sa population tout entière soit dans un état comateux, plus accentué encore qu'en Décembre 1851, qu'en Mars, Avril et Mai 1871, c'est-à-dire mûre pour toutes les réactions, pour tous les histrionismes, pour tous les césarismes, même bâtards.

François POISSON, 4, rue Saint-Fiacre,

Repr^t de Commerce, Combattant de Février 1848, blessé au Coup d'État en 1851, Chef du 100e bataillon mobilisé des défenseurs de Paris, du 4 Septembre 1870 au 1er Juin 1871.

Paris, Septembre 1888.

Et, peut-être parce qu'au fond, il a raison, le commandant Poisson sera de nouveau vendu.

Et il le sera encore l'an prochain et tous les ans d'après.

Et il sera seul à manifester de la sorte.

Et l'on se moquera de lui.

Et tous les hommes, y compris le commandant Poisson, continueront à être les plus bêtes de tous les animaux.

XXIV

Émile Bénassit.

Je me promenais en mai 1886 au milieu de tous les meurtriers, les suicidés, les mourants, les malades, les mendiants, qui sollicitaient au Palais de l'Industrie, en même temps que les médailles, la pitié publique, quand je me souvins par bonheur que M. le commissaire-priseur Seillier m'attendait chez lui.

Adieu, pauvre Agamemnon, triste morphinée, mères éplorées, infortuné saint Denis !

M. Seillier voulait bien me donner la primeur des cinquante aquarelles, gouaches ou dessins qu'Émile Bénassit allait livrer au célèbre feu des enchères.

Çà et là, sur les murs de son cabinet, sur la cheminée, sur les sièges étaient disséminées les dernières œuvres de l'artiste. Tout, dans ce bas monde, ne sera-t-il qu'antithèse ? Je sortais de la Morgue, et voici la vie. Après les assassinats, les drames intimes, les misères dont on meurt, voici le soleil aimé pour lui-même, l'épanouissement des couleurs joyeuses, les tranquilles chevauchées sur la plage étincelante, l'apothéose du bonheur terrestre.

Accrocher dans son salon une aquarelle de Bénassit, c'est y appendre une réserve de plaisir.

Par quel mystère est-ce précisément l'homme qui a le plus à se plaindre du sort qu'il nous faut remercier d'être le plus consolant des peintres? La psychologie nous répondra. C'est évidemment en voulant échapper à sa propre destinée que Bénassit a égayé la nôtre.

Oui, cet artiste charmant qui, à l'heure où il allait enfin tirer de son talent gloire et profit, a eu l'épouvantable infortune d'être paralysé de la main droite, ce ruiné de l'art a su puiser en lui assez de force pour se jouer de la paralysie elle-même.

Tout son côté droit était presque éteint. Qu'importe! Il lui restait le côté gauche, le meilleur, celui du cœur.

Ce malade avait à veiller sur une autre malade, sa femme, son amie dévouée, qui avait autant besoin de lui qu'il avait besoin d'elle.

Bravement, il s'est mis tout seul à l'école. Il a appris d'abord à écrire, puis à dessiner, enfin à peindre de la main gauche. Il y a de cela cinq ans et il a aujourd'hui le suprême bonheur de constater que jamais ce qu'il a fait de la main droite n'a valu ce qu'il fait de la main gauche. Cela s'explique de reste. Le plus grand effort a tout naturellement amené un résultat meilleur.

Ce résultat, on a eu plaisir à le constater en visitant l'exposition des œuvres mises en vente, car ce n'est pas seulement l'*idée* qui donne du charme aux compositions de Bénassit.

« L'idée n'est rien, me disait un jour Henner. C'est l'exécution qui est tout. »

Eh bien! on a vu l'exécution du *Départ pour la chasse*. Avec quel art sont peints en aquarelle pure les chasseurs, les piqueurs, les chiens qui vivent, les arbres sous lesquels on voudrait suivre les gais seigneurs!

Et l'*Attente de la diligence?* Ah! nous n'attendons pas aussi poétiquement le chemin de fer! Est-ce délicieux, ce groupe de la jeune femme en robe rouge et des deux seigneurs Louis XV, qui regardent venir la diligence encore lointaine, c'est-à-dire menue, menue... Ici, tout est fin, délicat.

Je voudrais être ce cavalier poli qui, sur le bord de la mer, rencontre cette belle amazone au corsage bleu, à la jupe jaune...

Le bleu, le jaune, le vert, le rouge, le blanc, telles sont les couleurs favorites de Bénassit. Cet homme, qui a broyé tant de noir, l'a proscrit de sa peinture.

Il n'aime que ce qui chatoie, ce qui peut plaire.

Ainsi, le catalogue comprenait quelques sujets de bataille. Eh! pardieu, messeigneurs, pour des Français, la bataille elle-même est joyeuse.

Les combats de Bénassit ont ceci de particulier qu'on n'y meurt pas. Il a, en tout et pour tout, blessé un officier et tué un cheval. Il ne doit pas s'en consoler.

Dans quelques dessins, il rappelle de Neuville, mais par le seul mouvement. Bénassit a trop souffert pour ne pas nous éviter toute souffrance. Il nous montre l'ardeur, la vaillance. Il cache sous le cadre le prix de la gloire.

Je devrais signaler encore le joli *Wawerley*, le mignon *Chaperon-Rouge*, l'étincelant *Garde-chasse*. Ils sont aujourd'hui chez nos plus fins collectionneurs. Le talent de Bénassit est tel qu'on n'a pas besoin pourtant d'être connaisseur pour l'apprécier. Je ne sais rien de plus décoratif que ses aquarelles. Tout le monde les aime, puisque tout le monde aime ce qui brille, ce qui chante, ce qui vit. Les œuvres de notre

cher malade sont éminemment saines, récon-
fortantes.

Bénassit ne se contente pas d'être peintre.

Pourquoi ne fait-il plus d'eaux-fortes?

S'il y avait un livre devenu rare et cher,
c'était à coup sûr les *Heures parisiennes*, d'Alfred
Delvau.

Une librairie a eu en 1882 l'idée de rééditer
cet ouvrage, dont le succès vraiment extraordinaire était de nature à intriguer, surtout ceux
qui avaient lu ses vingt-quatre chapitres. Je les
ai relus. Mon opinion n'a pas changé. Ce n'est
pas le public qui a pu faire un succès aux *Heures
parisiennes*, classées, — je ne ris point, — par
les bibliophiles au nombre des ouvrages *immortels*. Comme texte, les *Heures parisiennes* ne
sortent pas de la moyenne courante. Le journalisme ordinaire sert quotidiennement à ses lecteurs, et sans la moindre prétention, des
observations bien autrement curieuses sur les
différents aspects de Paris aux heures succes-
sives de la journée. J'affirme que Delvau ne
trouverait pas actuellement un journal *payant
bien* disposé à publier ces banalités qu'il a ap-
pelées les *Heures parisiennes*.

Il faut aller jusqu'au vingt-troisième chapitre
pour rencontrer enfin trente lignes qui intéressent.

Ce livre, qui devrait être plein de renseignements, de tableaux de genre, de portraits, ne contient absolument que des phrases. On a parlé de la tournure philosophique de l'esprit de Delvau. Soit. Mais je connais suffisamment Horace. Et de l'Horace délayé m'écœure.

Quoi, ce livre remonte à vingt-quatre ans et vous n'y trouveriez pas une note retraçant justement les usages de 1865.

Il faut voir les eaux-fortes de Bénassit pour se rappeler qu'à cette époque la crinoline triomphait, et que les hommes portaient des tuyaux de cheminée. Ça n'a l'air de rien, ces détails. C'est immense quand on n'a que cela à observer dans un ouvrage pourtant gros.

Très finement faits, d'ailleurs, les vingt-cinq croquis de Bénassit. De l'esprit sous chaque trait.

Ne cherchons plus la cause du succès persistant des *Heures parisiennes*. Il est dû absolument à notre peintre-graveur. Toutefois maître Motteroz n'a pas été étranger à celui de la réédition, imprimée avec les caractères si lisibles et si élégants qu'il a récemment créés.

XXV

Anna Kingsford.

Toutes les femmes savantes ne sont pas ri-
dicules.

En février 1888, mourait à Londres une jeune
femme des plus intéressantes, une des premières doctoresses de la Faculté de Paris,
Mme Anna Kingsford.

Depuis longtemps, ce dénoûment était prévu,
même par elle. Fille de phtisique, elle se savait
condamnée. La mort, d'ailleurs, l'effrayait peu.

La science avait rendu Anna Kingsford Parisienne. Très indépendante, comme toutes les
jeunes Anglaises, elle vint en 1874 s'installer au
quartier Latin, où elle prit ses inscriptions à la
Faculté de médecine. Le 22 juillet 1880, elle
était reçue docteur. Sa thèse avait pour sujet :
De l'alimentation végétale chez l'homme.

Selon la jeune savante, l'homme n'est pas

carnivore, mais frugivore, comme son prédécesseur le singe. Toute la vie, elle a été végétarienne. A vrai dire, elle l'était un peu par sentiment. Elle aimait trop les animaux pour en manger la chair.

En prenant ses inscriptions, elle était entrée en relations avec toutes nos femmes de sciences. Amie de la duchesse de Pomar, de Mmes Huot et Guyonnet, de Mlle Claude Bernard, elle faisait, ainsi qu'elles, partie de la ligue contre la vivisection.

Dans l'hiver de 1880, elle ouvrit, à Londres, un cabinet médical où elle ne tarda pas à avoir une très belle clientèle féminine. Les Anglaises sont pudibondes et préfèrent être soignées par leurs semblables.

Sa profession ne la fixa pourtant pas à Londres. On sait le goût de nos voisins d'outre-Manche pour les voyages. Dès qu'une question scientifique était soulevée ici ou là, Mme Kingsford traversait la mer.

En ces derniers temps surtout, sa santé la contraignait à venir en France.

Voici une lettre qu'elle écrivait, le 28 juin 1887, de Bourboule-les-Bains à Mme Huot :

« Chère madame,

« Vous ne savez pas combien j'ai regretté

d'avoir été trop malade, la semaine dernière, pour pouvoir même vous écrire. Voilà huit mois que je passe mes jours à tousser, tandis que, la nuit, je suis en proie à la fièvre. Tous les moyens qu'on a essayés ont échoué. Rien ne me fait du bien. Et la maladie marche toujours vers la fin. Aujourd'hui j'ai deux vésicatoires, ce qui ne fait rien du tout contre la maladie, — mais le docteur l'exige.

« Il est singulier, n'est-ce pas, que je sois tombée tout à fait malade pour m'être rendue, un jour de pluie et de novembre, au laboratoire de M. Pasteur? C'est donc de Pasteur que j'ai reçu le coup qui va me tuer.

« ... Vous voulez parler de moi. Vous me demandez des détails biographiques. La médaille d'argent que je porte m'a été donnée par la Société protectrice des animaux de Genève après les succès de la Société suisse contre la vivisection, que j'ai fondée à Genève en 1883. Mais, chère amie, pourquoi ne pas attendre un peu? Vous pourrez donner le récit de ma crémation, car je vais me faire brûler après ma mort. A bientôt donc...

« ANNA KINGSFORD. »

Autre lettre, également adressée à Mme Huot. Celle-ci a été écrite, à Londres, le 12 décembre 1887. Elle est déchirante dans sa simplicité :

« Ma chère madame et amie,

« Je vous donne ci-incluse la somme que devait recevoir la ligue parisienne contre la vivisection après ma mort. Je vous l'envoie tout de suite pour éviter la taxe que vous auriez à payer dans le cas d'un legs. Les docteurs ont fait sur moi hier une grande consultation — sorte d'*ante mortem*. Après avoir examiné mes poumons de toutes les manières possibles, ils se sont mis solennellement à côté de mon lit et m'ont dit que je n'ai plus que très peu de jours à vivre. Il paraît que les deux poumons sont absolument détruits, et que ma seule espérance de vie est nécessairement bornée à ma force vitale qui ne peut cependant durer longtemps. Dans ce cas, je crois que je fais bien de vous transmettre mon legs pour la ligue dont vous êtes, très noble et chère dame, la digne secrétaire.

« J'ai suivi, avec une admiration qui ne trouve pas de mots, l'œuvre que vous avez inaugurée en France. Votre courage, votre splendide émotion pour la justice, votre tendresse et surtout votre entier dévouement pour l'idéal m'ont touchée au cœur de mon cœur... Pas un jour ne passe sans que je pense à votre sainte guerre. Mais ma main devient faible. Je ne puis plus écrire. Croyez bien que vous n'avez pas au monde une amie qui vous aime, qui vous admire autant que moi...

« Le chèque de cent livres sterling ci-inclus doit être négocié aussitôt que possible, car, dans le cas de ma mort, il serait refusé.

« A vous, chère amie de tout mon cœur.

« ANNA KINGSFORD. »

Cette lettre est la dernière qu'ait reçue Mme Huot, qui, depuis, n'a pas cessé de s'informer de son amie.

On n'imagine pas le courage avec lequel la pauvre malade a vu venir la mort, envoyant ainsi elle-même tous les souvenirs qu'elle voulait qu'on eût d'elle; causant froidement de sa maladie avec le docteur qui la soignait, M. Adrien Clarke, médecin de la cour d'Angleterre; réglant ses funérailles avec son mari, le pasteur Kingsford; assurant non sans peine sa crémation...

C'est à six kilomètres de Londres, à Paddington, qu'elle voulait que son corps fût brûlé.

Mais on sait quel cas on fait d'ordinaire des dernières volontés.

Le pasteur s'est contenté d'embaumer sa femme.

La pauvre doctoresse, qui s'est éteinte dans tout l'épanouissement de la beauté, désirait que ses cheveux d'or s'en allassent en fumée.

Les a-t-on seulement coupés?

Ils doivent être en ce moment la parure d'une momie ridicule.

XXVI

Ernest Gegout.

J'ai reçu un jour la bizarre lettre suivante :

L'ATTAQUE
ORGANE SOCIALISTE RÉVOLUTIONNAIRE
21, rue Croix-des-Petits-Champs, 21

—

RÉDACTION

Paris, le 24 août 1888.

CAMARADE,

Nous appelons une centaine d'Amis et Confrères à de joyeuses agapes, sous les ailes du Moulin de la Galette

Jeudi prochain, 30 août

Faites-nous le grand plaisir d'être des nôtres... à la bonne franquette !

Un orchestre, composé des meilleurs artistes de rues, se tiendra à la disposition des orateurs et porteurs de toasts à bout de souffle. Notre confrère B....., obscur descendant d'un illustre Maréchal, le dirigera avec le glorieux bâton de son aïeul.

MENU-DÉTAIL : Cotisation, 2 fr. 50.

***Rendez-vous à* Midi — heure extrême — au Café de la Place Blanche.**

Prière de répondre avant mardi au soussigné.

Salut cordial.

Pour la Rédaction :

ERNEST GEGOUT,

50 bis, rue de Douai.

Au Camarade Ch. CHINCHOLLE.

Les anarchistes avaient rêvé de s'emparer, fourchette en main, le jeudi désigné, du moulin de la Galette. L'un des plus exaltés d'entre eux, Ernest Gegout, avait organisé un banquet qui devait avoir lieu, vers midi, à l'ombre des ailes célèbres au-dessus desquelles on a jeté tant de bonnets. Le propriétaire du moulin de la Galette a-t-il redouté d'entendre au dessert des hymnes révolutionnaires? Il s'est récusé.

L'organisateur a dû, au dernier moment et malgré les avis lancés, s'enquérir d'un autre cadre. C'est au restaurant des Bosquets, rue Lepic, que se sont attablés, après de nombreuses allées et venues, les anarchistes et autres révolutionnaires.

Président : le compagnon Violard, honoré de sept mois de prison pour coups aux agents et insultes au préfet de police. Avec de tels états de service, on n'a pas le droit d'être modeste.

Çà et là, les citoyens Fournière (deux ans de prison pour participation à la grève de Bessèges), Rabuel (sept ans de bagne pour faits insurrectionnels), Paton (un mois de prison pour coups au commissaire Santucci), etc.

« Saluez! » dit solennellement Gegout après avoir énuméré les glorieux titres des personnes convoquées à venir dépenser deux francs cinquante en sa compagnie.

Selon lui, l'anarchie triomphe déjà; les Français en sont arrivés à ne plus avoir de gouvernement. L'heure de la conciliation a donc sonné. Aussi a-t-il envoyé des invitations à tout le monde, à M. Carnot, au général Boulanger, à M. Chevreul, à François Coppée, « à toutes nos célébrités, dit-il, même au malheureux qu'on doit exécuter ces jours-ci à Versailles. Il n'a excepté que M. Wilson, par respect pour l'honorable assemblée. »

Naturellement, de nombreux invités se sont dispensés de gravir l'antique montagne. Louise Michel elle-même n'a pas voulu venir : « Elle ne va ni où on mange, ni où on chante. Il y a trop d'affamés qui pleurent. »

Il faut reconnaître que les anarchistes n'ont pas du tout pleuré. J'étais à la droite d'un millionnaire qui n'engendrait pas la mélancolie. Non, mais vous figurez-vous un millionnaire

anarchiste? Il est plus terrible que les autres :
« Commençons par supprimer tout, dit-il.
Après nous verrons. » Il trouve grotesque « le
droit des majorités »; idiote « la constitution
de l'État »; imbécile « la loi ». Pour lui, le mariage est un crime social, l'impôt direct une
persécution, l'impôt indirect une infamie. Il ne
reconnaît que l'individualisme; il est prêt toutefois à admettre le droit de la Commune, à la
condition que celle-ci soit toute petite. Son
budget sera d'abord fourni par le revenu des
capitalistes.

Voilà un millionnaire qui est sûr de sortir
sain et sauf du prochain mouvement!

Quant à Gegout, organisateur responsable,
il n'y a pas de type plus curieux. Il ouvre le
repas en jouant du flageolet, « symbole de
l'état naturel dont tout être intelligent doit
souhaiter le retour ». Il y a longtemps que je
connais Gegout. La première fois que je l'ai vu,
il était en habit. On l'appelait alors le gendre
de M. Gagneur, député du Jura. Depuis, il a di-
vorcé. Il avait à l'Assistance publique une très
belle position. Il a démissionné, ne voulant pas
être plus longtemps témoin « des dilapidations
de cette administration ». Étrangement vêtu, il
provoque en duel tous ceux qui regardent de
travers ses cheveux interminables et son tor-

tueux chapeau mou. Il est d'une gaieté délicieuse. Il a toujours un revolver chargé dans
sa poche.

C'est Gegout, on le sait, qui a fait tant de
bruit, salle Cadet, pendant la première réunion
de la société Clémenceau-Joffrin-Ranc, ce qui
ne l'a pas empêché d'être jacquiste en janvier 1889. Dès qu'il se présente à la tribune
dans un meeting, ses amis eux-mêmes, effrayés
de ce qu'il pourra dire, le supplient de renoncer à tonitruer.

Menu : beurre, radis, saucisson, bœuf aux
champignons ; flageolets et choux-fleurs ; sa-
lade ; fromages et fruits divers ; une bouteille
de vin par personne ; dans chaque verre, un
numéro de l'*Attaque,* journal ultra-révolution-
naire ; café et liqueurs.

Le docteur Susini déclare le repas très sain
et, tout en regrettant la bouillabaisse en sa
qualité de Marseillais, la remplace par une
chanson de marin. Au dessert, le poète Marot
célèbre en fort beaux vers de sa composition
les *Tambours.* Gérault-Richard vocifère : « Tu
ne m'aimes pas!!! » Aristide Bruant, qui ressemble de plus en plus au premier Consul,
chante tout son répertoire.

Entre deux refrains, une histoire adorable,
remontant à 1879, au retour du forçat Trinquet.

Il y a là le communard qui s'était chargé de le présenter au peuple. Il devait, le soir même, montrer salle Graffard la chaîne que Trinquet portait au bagne.

« Je l'avais avec moi, dit-il, mais voilà qu'avant la réunion je me grise. Je l'oublie, je ne sais où. Comment faire? Ma foi, je suis allé chez un serrurier qui m'a cédé une chaîne de trois mètres de long. Vous vous souvenez de l'effet qu'elle a produit, le soir, à la fin de mon discours? Tout le monde se la passait. Jamais la vraie n'aurait eu un succès pareil! »

— Elle en a eu un trop grand! s'écrie quelqu'un. Trinquet, lui aussi, a trahi. Il est mort fonctionnaire de la Ville de Paris avec 1.800 fr. d'appointements!...

Mais que fait l'anarchie là dedans? L'anarchie! Je n'ose pas dire quel est le seul cri qu'on ait poussé. Mais vous l'avez déjà deviné. C'est celui de : Vive Boulanger! Il est vrai que la conviction manquait.

Le journal créé par Ernest Gegout, l'*Attaque*, n'existe plus aujourd'hui.

Notre anarchiste s'en console en écrivant dans la *Bataille*.

XXVII

Le pasteur Christ.

Le dimanche, à l'heure où, dans toutes les églises, les prêtres, les pasteurs enseignent la religion aux fidèles recueillis, un de nos plus éminents physiologistes, le docteur Bal, fait à la Salpêtrière un cours sur la folie religieuse.

D'après sa théorie, si je l'ai bien comprise, il n'arrive pas seulement que l'idée religieuse engendre la folie ; la religion serait surtout l'œuvre de cerveaux déjà atteints d'aliénation. Je me hâterai d'ajouter que beaucoup d'élèves et même de docteurs aliénistes répudient cette doctrine. Ils savent que Bossuet, que Fénelon et plus récemment le cardinal Guibert, l'évêque de Metz, ont été les cerveaux les plus nets, les mieux organisés de leur temps.

Par malheur, certains faits semblent donner raison au docteur Bal qui devrait se contenter de les étudier et de les considérer comme des documents isolés, au lieu de généraliser sa théorie. Il est clair, par exemple, qu'au commencement du siècle dernier les convulsionnaires qui se tordaient les membres et se déchiraient les chairs sur la tombe du diacre Pâris étaient des aliénés, — au même titre que les femmes qui se croyaient guéries à la fin de l'empire par le zouave Jacob.

Aliéné également, celui qui, sur les hauteurs de Montparnasse, se faisait, en août 1886, appeler le Christ. Sa folie est tellement manifeste qu'il a été, il y a quelques années, enfermé dans une maison de santé. Voici d'ailleurs les faits dont la bizarrerie a nécessité ces précautions oratoires.

En première ligne de nos pasteurs protestants a longtemps été un homme très remarquable, dont le fils est également la gloire de l'Église réformée. A cause de ce dernier, je ne donnerai point le nom que tous les protestants d'ailleurs ont déjà sur les lèvres. Pendant que nos prêtres parlent non seulement du Christ, mais encore de Moïse, de la Vierge Marie, des apôtres, les pasteurs célèbrent surtout le Christ, qu'ils appellent Christ tout court. A force de répéter : « Christ a sauvé le monde... Je vous dis au nom de Christ... » le pasteur X a fini par s'imaginer qu'il était Christ lui-même. Un matin, il s'est éveillé en s'attribuant tous les miracles de Jésus.

On conçoit et je respecterai le chagrin qu'en éprouva sa famille, qui se vit forcée de le confier à des médecins. En dehors de sa croyance, le pasteur X était absolument sain d'esprit, et si calme, si doux, qu'on put bientôt, sans danger, le rendre à la liberté.

C'est à partir de ce moment que devient étrange l'histoire qui m'a été signalée par le médecin d'une de nos principales maisons de santé.

A peine libre, le pasteur X reçut la visite d'une femme du monde, très riche, qui lui dit :

« Il est inutile d'essayer de convaincre ceux qui ne veulent pas être convaincus. Mes deux filles et moi sommes les seules à vous comprendre. Nous croirions pécher en ne reconnaissant pas votre caractère divin. Daignez honorer mon hôtel en venant y faire entendre la parole sainte. Il est à vous et aux fidèles qui penseront comme nous. »

On devine l'effet de ce discours sur un cerveau déjà troublé. Le pasteur X ne pouvait plus douter qu'il fût vraiment Jésus-Christ. Les deux filles de la croyante s'appelaient Jeanne et Lucie. Elles prirent l'une le prénom de Marthe, l'autre celui de Marie-Madeleine et, depuis ce temps, le nouveau Christ parle comme s'il était le fils de Dieu dans le grand salon d'un mystérieux hôtel du quartier des Invalides. Il raconte sa vie, sa seconde résurrection, il commente ses miracles en présence de ses adeptes qui sont maintenant au nombre d'une vingtaine. Marthe et Marie, en effet, ont converti à son culte quelques-uns des familiers de l'hôtel.

Sorti de ce milieu, le pasteur X semble avoir oublié le rôle que ses fidèles lui attribuent. Il évite de parler de sa divinité. Il se contente d'être un simple pasteur, d'ailleurs très vénéré.

« Ce cas, me dit le médecin aliéniste qui me donne ces détails, est évidemment très curieux. Toutefois, s'il prouve que la religion a pu altérer un cerveau et faire œuvre contagieuse sur d'autres, il ne démontre nullement qu'elle a pour effet immédiat et logique de dénaturer tous les esprits. C'est ici plus que jamais l'occasion de répéter que l'exception confirme la règle. En n'importe quel cadre, tout homme peut convaincre une vingtaine d'adeptes. La résistance des autres protestants, notamment de la famille même du pasteur X, une des plus religieuses et des plus honorables qui soient, est le témoignage évident de l'infaillibilité de leurs croyances. »

XXVIII

Gustave Roger.

Un jour de 1863, à l'époque où j'étais encore étudiant, Samson, l'éminent sociétaire de la Comédie-Française, avant de commencer, dans l'amphithéâtre de l'École de médecine, une conférence artistique au profit d'une œuvre quelconque, répondit ainsi à l'ovation que nous lui faisions :

« Vous saluez mon entrée par des applaudissements. Ah! jeunes gens, vous avez bien raison : ne nous épargnez, à nous autres acteurs, aucune fête. Consolez-nous de savoir, au milieu de nos plus grands succès, qu'il ne restera rien de nous et que le plus illustre d'entre tous les artistes dramatiques n'a pas le droit de dire avec Horace : *Non omnis moriar*. Je ne mourrai pas tout entier. »

De Roger, au moins, il restera quelque chose.

Grâce au livre que l'un de ses meilleurs amis, Philippe Gille, m'a donné la mission de publier après la mort de l'artiste, la trace brillante qu'il a laissée à l'Opéra-Comique, puis à Londres, à Bruxelles, à Saint-Pétersbourg, en Allemagne, en Autriche, enfin à l'Opéra, ne s'effacera point. Les chanteurs des temps futurs se plairont encore à lire dans ce livre, le *Carnet d'un ténor*, le récit anticipé de leurs propres émotions. Les curieux y chercheront des renseignements précis sur Meyerbeer, sur Halévy, sur Auber, sur Massé. Le public d'après-demain, comme celui d'aujourd'hui, y trouvera des anecdotes.

Les lecteurs se sont étonnés de ne point assister, dès les premières pages de ce compte rendu quotidien, aux débuts de Roger. Cette lacune est la preuve de l'authenticité du *Carnet d'un ténor*. N'ayant voulu donner absolument que les pensées et les appréciations du célèbre artiste, j'ai brusquement ouvert l'ouvrage à la date où il a commencé lui-même à noter ses impressions.

Çà et là, d'ailleurs, il se plaît à revenir sur sa prime jeunesse.

Gustave Roger, qui devait tant ajouter à la gloire artistique de Paris, est un Parisien. Il est né à la Chapelle-Saint-Denis, le 17 décembre 1815.

L'homme est toujours dans l'enfant. Roger
n'avait pas appris au Conservatoire l'élégante
distinction qu'il apportait au théâtre. Il la devait
à l'éducation familiale. Fils d'un notaire, mais
petit-neveu du comte Ready de la Grange, —
gouverneur d'Arras et de Beauvais, — neveu
du baron Roger, — député du Loiret, — il fut
élevé moins en bourgeois qu'en gentilhomme.

Quant à l'instinct artistique, il le tenait de
son grand-père l'artiste Corsse, qui avait été à
la fois le principal acteur et l'un des premiers
directeurs de l'Ambigu, où il créa, entre autres
rôles, celui de Mme Angot, un travesti célèbre.
Les parents qui vivaient disaient à Roger : « Tu
seras notaire. » L'ombre de Corsse lui insuf-
flait : « Tu seras acteur. » Et ce fut le mort
qui eut raison contre les vivants.

Dans la charmante histoire, datée d'un jour
de pluie et intitulée : *Une Filade*, Roger lui-
même a raconté comment il a commencé ses
études au Marais, chez « le père Petit », qui
lui faisait suivre les cours du collège Charle-
magne. Il les finit à Louis-le-Grand. Une fois
bachelier, il devait être inscrit à l'École de droit,
tout en travaillant dans une étude d'avoué.

La famille propose et la vocation dispose.

Roger qui, au collège, se cachait pour lire
des pièces de théâtre ou pour apprendre la mu-

sique, brûlait de marcher le plus vite possible sur les traces de son grand-père Corsse.

Il entra comme amoureux de vaudeville à la salle Chantereine, rue de la Victoire. Qu'on juge de la fureur de son oncle, le député du Loiret, en apprenant cette épouvantable nouvelle...

Vite en exil, le drôle! On l'envoya dans une étude située fort loin de la salle Chantereine, à Argentan, où il n'y avait même point de théâtre.

C'était donc bien l'occasion d'en créer un. Roger n'y faillit pas. M. Nuitter, qui a réuni à l'Opéra une si curieuse collection d'affiches, payerait cher la fantaisiste affiche jaune sur laquelle on lisait :

ARGENTAN

Avec la permission de M. le maire,

Aujourd'hui 15 août 1836

GRANDE REPRÉSENTATION EXTRAORDINAIRE

A l'auberge du *Lion d'Or*

CÉLINA

OU L'ENFANT DU MYSTÈRE

Comédie en trois actes, de *Scribe*.

LA TOUR DE NESLES

Comédie en cinq actes, avec combats,

TRAVESTISSEMENTS, TRANSFORMATIONS

par *Scribe*.

LE DÉSESPOIR DE JOCRISSE

Comédie en un acte, de *Scribe*.

Le spectacle sera terminé par le célèbre duo de la *Vestale*, de *Scribe*, arrangé pour cor de chasse et guitare.

Rétribution à volonté et en sortant seulement.

GUSTAVE ROGER, *directeur*.

Tout, de *Scribe*.

Il y a un document dans cette ironie.

En 1836, *Scribe* était le roi du théâtre. De même, quatre ans après, toutes les pièces étaient de Dumas.

A la représentation, vraiment extraordinaire, organisée par le futur ténor, assistait le notaire chez qui Roger avait pour unique tâche de grossoyer des contrats de mariage et des obligations hypothécaires. Il applaudit son clerc qui s'était généreusement attribué les principaux rôles ; mais, le lendemain, il le mit à la porte.

Roger fut envoyé alors à Montargis.

Au bout de quelques jours, même histoire. Le clerc s'était encore fait directeur de théâtre.

Décidément, il était inutile de lutter.

La famille céda. Roger revint à Paris et entra au Conservatoire, où il fut admis le premier sur quarante concurrents. L'an d'après, il en sortait avec deux premiers prix, celui de chant et celui de déclamation, et était engagé à l'Opéra-Comique.

Il y débuta, le 16 février 1838, dans l'*Éclair*. De ce jour, il était classé. Son succès fut vraiment prodigieux. Il semblait que le rôle de Georges avait été fait pour ce charmant jeune homme de vingt-deux ans, d'une distinction et d'une élégance si rares au théâtre.

Toute la presse acclama l'astre levant.

Roger allait avoir d'importantes créations dans les ouvrages sur lesquels la direction fondait le plus d'espérances.

En moins de dix ans, il a joué dix-neuf pièces nouvelles, en tout cinquante et un actes inédits.

Les fidèles de l'Opéra-Comique me sauront gré, d'ailleurs, d'avoir dressé le tableau ci-contre que l'on peut considérer comme un document officiel.

TITRES DES PIÈCES.	NOMBRE D'ACTES	NOMS des AUTEURS dramatiques.	NOMS des COMPOSITEURS de musique.	ROLES.	DATES de la 1re REPRÉSENTATION.
Le Perruquier de la Régence...	3	PLANARD ET DUPORT..	Ambroise Thomas.	du marquis ...	30 mars 1838.
La Figurante.............	5	SCRIBE ET DUPIN.....	Clapisson.....	d'Arthur. .	24 août 1838.
Thérésa.................	3	PLANARD ET DE LEUVEN.	Carafa........	d'Henri......	24 septembre 1838.
Régine	2	SCRIBE	Ad. Adam....	de Roger.....	17 janvier 1839.
Le Schérif..............	3	SCRIBE	Halévy	d'Edgard......	2 septembre 1839.
Eva	2	de LEUVEN et BRUNSWICK....	Coppola et Girard.	de Gustave....	9 décembre 1839.
L'Élève de Presbourg........	1	VIAL ET E. MURET .	Luce	d'Haydn	24 avril 1840.
Le Guitarero.....	3	SCRIBE	Halévy	de Riccardo...	21 janvier 1841.
L'Aïeule.............	1	SAINT-GEORGES	Boïeldieu fils...	d'Hector.....	17 avril 1841.
Le Diable à l'école..........	1	SCRIBE	E. Boulanger..	de Stenio....	17 janvier 1842.
Le Duc d'Olonne...........	3	SCRIBE ET SAINTINE...	Auber.......	du Chevalier.	4 février 1842.
Le Code noir.............	3	SCRIBE...........	Clapisson	de Donatien ..	9 juin 1842.
La Part du Diable.........	3	SCRIBE...........	Auber	de Rafaël....	16 janvier 1843.
Mina ou le ménage à trois.....	3	PLANARD	Ambroise Thomas.	de Limbourg.	10 octobre 1843.
La Sirène.........	3	SCRIBE	Auber	de Scopetto.	26 mars 1844.
La Barcarolle............	3	SCRIBE	Auber..	de Fabio....	22 avril 1845.
Les Mousquetaires de la Reine.	3	SAINT-GEORGES......	Halévy.......	d'Olivier.. ...	3 février 1846.
Gibby la Cornemuse.........	3	de LEUVEN et BRUNSWICK....	Clapisson	de Gibby.....	19 novembre 1846
Haydée................	3	SCRIBE	Auber........	de Loredan ...	28 décembre 1847.

A citer en même temps que les pièces nouvelles les principales reprises : le *Déserteur*, le *Domino noir*, la *Dame blanche*, l'*Éclair*, le *Chalet*, *Richard Cœur de Lion*, le *Pré aux Clercs*, qui furent pour Roger l'occasion d'autant de succès.

A l'époque où il prit la résolution de noter quotidiennement sur le grand et gros livre couvert en chagrin, qu'il a appelé le *Carnet d'un ténor*, l'histoire de sa vie, Roger, malgré une suite non interrompue de véritables triomphes, rêvait déjà de quitter l'Opéra-Comique, où il se trouvait à l'étroit. Les œuvres magistrales et puissantes de notre grand Opéra l'attiraient.

Puis Meyerbeer avait en portefeuille le *Prophète*.

Meyerbeer avait remarqué, admiré Roger.

Roger seul lui semblait digne du rôle de Jean.

Que Roger quitte l'Opéra-Comique pour passer à l'Opéra, et Meyerbeer livrera la plus admirable œuvre musicale que l'Opéra ait jamais produite.

Il est vrai que si M. Basset, directeur de

l'Opéra-Comique, semblait peu tenir à garder Roger, le directeur de l'Opéra, combattu chaque jour par ses pensionnaires ordinaires, tous jaloux du jeune ténor, ne lui ouvrait pas encore les bras. Cela suffira à faire comprendre pourquoi Roger parle si souvent d'eux avec tant d'amertume.

Le *Carnet d'un ténor* débute par les dernières répétitions de l'*Éclair*. Roger dit qu'il va y succéder à Chollet. Or, tout à l'heure, je le montrais débutant dans le rôle de Georges, où il succédait à Couder. C'est qu'en effet dix années avaient modifié la voix du jeune ténor, dont le diapason était devenu plus étendu, plus abondant en sons graves. Après avoir joué en 1838 le rôle de Georges, il pouvait chanter, il chanta en 1847 le rôle de Lionel. Ce fut à Londres — où il passa les sept derniers mois de 1847 et tous ceux de 1848 — qu'il se prépara à débuter à l'Opéra en chantant aux Anciens-Concerts les principaux morceaux de notre premier théâtre, et à l'Opéra-Italien la *Sonnambula* et *Lucia*.

Roger y était parti en congé. La Révolution de 1848 déchira son engagement. Quand il revint pour la deuxième fois de Londres, ce fut pour débuter enfin à l'Opéra.

La soirée du 16 avril 1849 (première représentation du *Prophète*) fut évidemment la plus triomphale de sa vie. Il faut lire tout ce qu'on écrivit le lendemain sur Roger, qu'on appelait le *Roi-Prophète*. Le chanteur et le comédien avaient eu un égal succès. Dès ce jour, tous les compositeurs allaient se le disputer. Il créa le principal rôle de l'*Enfant prodigue,* d'Auber, le 6 décembre 1850 ; du *Démon de la nuit,* de Rosenhain, le 17 mars 1851 ; du *Juif errant,* d'Halévy, le 23 avril 1852 ; de la *Fronde,* de Niedermeyer, le 2 mai 1853 ; de *Sainte-Claire,* de S. A. R. le duc de Saxe-Cobourg-Gotha, le 27 septembre 1855 ; d'*Herculanum,* de Félicien David, le 4 mars 1859. Je ne parle pas des reprises de la *Favorite,* de *Lucie,* du *Trouvère,* des *Huguenots,* de la *Reine de Chypre,* de la *Vestale,* etc.

Travailleur ardent, chanteur infatigable, Roger, de 1850 à 1859, alla pendant ses congés sept fois en Allemagne, où il chanta à Berlin, à Francfort et à Hambourg, les *Huguenots* dans la langue nationale. C'est à Francfort que, sous une pluie battante, tous les spectateurs enthousiasmés lui donnèrent sous ses fenêtres une sérénade qui lui faisait venir les larmes aux yeux chaque fois qu'il en parlait.

Pourquoi suis-je obligé de rappeler la fin de sa vie qui fut si attristée. Est-il donc écrit que chacun payera cher son bonheur, soit avant, soit après? Le jour vint, en 1859, où le destin dit à Roger : « C'est assez de gloire! »

Une arme éclata dans les mains de l'artiste, dont on dut amputer le bras droit. C'en était fini du comédien, malgré le bras artificiel auquel il eut recours.

Roger quitta l'Opéra...

Alors commencèrent à travers l'étranger et la province ces pérégrinations d'où le pauvre artiste a rapporté tant de couronnes qui lui semblaient être, selon son expression, des couronnes d'épines comparativement à celles que lui envoyaient naguères les habitués de l'orchestre de l'Opéra.

Sa rentrée à l'Opéra-Comique en 1861, dans *Haydée,* puis ce concert polyglotte où il chanta en anglais, en allemand, en italien, en espagnol, enfin le triste *Cadio* qu'il joua à la Porte-Saint-Martin, n'ont laissé que de pénibles souvenirs.

L'éternelle préoccupation que lui donnait son bras artificiel ne pouvait point ne pas nuire à ses moyens.

A bout de courage, il se décida à renoncer au théâtre. En 1869, il entra comme professeur de chant au Conservatoire.

Après avoir remporté d'immenses succès, il rendit d'immenses services.

En 1854, le roi de Prusse, au sortir d'une représentation des *Huguenots*, l'avait décoré de l'Ordre du *Mérite*. Plus tard l'empereur d'Autriche, le roi de Hanovre, lui envoyèrent aussi leurs principales décorations.

L'une des dernières espérances de Roger était que le ministère des beaux-arts l'honorerait du ruban rouge que portent tant de professeurs moins illustres que lui.

Il est mort, n'ayant reçu du gouvernement français que le trop modeste ruban d'officier d'académie...

XXIX

Les derniers chevaliers.

On a beau se vanter de connaître son Paris ; il y restera toujours quelque coin à révéler.

Il n'est pas nécessaire d'aller au delà des boulevards extérieurs pour trouver du pittoresque. Le vieux faubourg Saint-Germain lui-même est plein de mystères étranges. On ne se doute pas du nombre de sociétés philosophiques, spiritualistes, religieuses qui y fleurissent.

Ainsi, a été célébrée, dans la soirée du 4 août 1887, rue de Lille, une cérémonie bien inattendue dont le seul compte rendu vous reportera aux premiers temps de notre histoire.

J'ai assisté, au milieu de dignitaires en grand costume, à la réception de deux chevaliers !

Oui, un vieil ordre de chevalerie, l'Ordre de la Milice de Jésus-Christ, fondé par saint Dominique au commencement du XIIIe siècle, approuvé en 1209 par une bulle d'Innocent III, existe encore à Paris.

Il a un conseil suprême composé de MM. Dominique Piccoli, lieutenant général ; Mgr Félix Charmetant, grand aumônier ; le baron Léopold de Testa, chancelier ; le vicomte Paul de Damas, commandeur ; le comte B. de Maupas du Juglart, camérier de S. S. Léon XIII ; le commandeur Louis Rossi de Gasperis, camérier d'honneur de Léon XIII.

Les souverains pontifes ont d'ailleurs toujours honoré de privilèges et d'indulgences les chevaliers de la Milice du Christ qui ont repris leur premier nom après avoir porté ceux de chevaliers du Rosaire, de Tolosa, de Saint-Pierre et de la Vierge Marie.

C'est au deuxième étage, au-dessus de l'entre-sol du n° 30 de la rue de Lille, qu'est établi le temple de la Milice.

On y accède par un escalier garni de tentures.

En temps ordinaire, le temple pourrait passer pour un simple appartement. Les jours de grande cérémonie, les doubles portes sont ouvertes.

La foule se tient dans l'antichambre.

Les dignitaires, en merveilleux costumes blancs et bleus rappelant, à la culotte près, ceux de la cour de saint Louis, sont dans le salon assez grand.

Au fond, par la double porte, on aperçoit, dans la troisième pièce, transformée en oratoire, un autel d'or, illuminé.

Un prieur y attend les deux récipiendaires.

La cérémonie commence par l'entrée solennelle du lieutenant général, conduisant le président honoraire, Mgr l'évêque de Césarée, exarque d'Antioche.

Pendant le court défilé, les chevaliers, qui sont tous d'anciens officiers, présentent les armes.

Après des prières et des allocutions, les récipiendaires sont introduits dans l'oratoire par le maître des cérémonies qui les installe à des places réservées.

Le premier récipiendaire, le commandeur P. Lautier, promoteur général des avocats de Saint-Pierre pour la France et directeur du journal le *Rosier de Marie*, va s'agenouiller devant l'autel. Le prieur se lève et lui dit :

« Mon frère, vous allez devenir chevalier. Ce n'est pas pour être riche, pour être honoré et pour vous reposer, car de la sorte vous ne feriez point honneur à la Milice et vous seriez à l'ordre ce que le simoniaque est à l'Église.

Mais c'est pour être le modèle de vos frères par la noblesse de vos aspirations et par votre généreuse abnégation et pour servir en vaillant chrétien la Maison de la Milice de Jésus-Christ dont vous serez l'avant-garde. »

Telle est la formule qui a été, d'ailleurs, rédigée ainsi que celle qui va suivre, par saint Dominique lui-même.

Après des prières, l'aumônier bénit la croix et l'épée du récipiendaire déposées sur l'autel du serment. Un dignitaire lui attache une croix rouge sur la poitrine, lui chausse les éperons. Un autre lui met sur les épaules le manteau de chevalier, un superbe manteau noir doublé de satin blanc qui, habilement relevé, produit très grand effet.

Le prieur prend ensuite l'épée et la ceint au chevalier, pendant que l'aumônier le bénit.

Le récipiendaire s'agenouille. Le prieur lui donne l'accolade fraternelle qui consiste en trois coups de plat d'épée sur l'épaule; il lui dit :

— « De par Dieu, Notre-Dame et le Père saint Dominique, je vous fais chevalier. »

Le nouveau chevalier récite d'abord le *Credo*,

puis, l'épée posée sur les Saints Évangiles, prononce à haute voix le serment qui suit et dont la formule mérite d'être enregistrée :

« Je renouvelle ici la promesse que j'ai faite à Dieu tout-puissant, à la bienheureuse Vierge Marie, au bienheureux père saint Dominique, à tous les saints, d'observer, tout le temps de ma vie, les commandements de Dieu, de remplir exactement les devoirs que m'impose la constitution de l'Ordre de la Milice, de garder obéissance et fidélité au Grand Maître ou à son défaut au lieutenant général, ainsi qu'à tous mes chefs hiérarchiques, de pratiquer avec tous mes frères les sentiments de charité et d'amour dont N.-S. Jésus-Christ a donné l'exemple. Je promets aussi de satisfaire comme il convient, pour les transgressions que j'aurai commises contre la règle et forme de vie de l'Ordre, lorsque j'en serai requis selon la volonté de mes chefs hiérarchiques. »

Ces deux formules font suffisamment connaître le but de l'Œuvre : la défense de l'Église et de la civilisation chrétienne par la parole, par les écrits, par l'exemple, par les œuvres pieuses, etc.

Après des prières, le nouveau chevalier donne

l'accolade à tout le monde en commençant par les plus hauts dignitaires. Il fait, selon la règle, un don en argent, aux œuvres de l'Association, qui rêve, notamment, d'édifier un hôpital.

Les peines disciplinaires auxquelles il a promis de se soumettre sont relativement rigoureuses : l'avertissement, la censure, la dégradation, l'exclusion.

On les mérite par le blasphème, par des actes publics contraires à la religion, par des actes d'oppression, d'abus de pouvoir, etc., blessants pour la dignité des Frères, etc.

Le second récipiendaire est le Dr Dubois, de Valenciennes.

Il est présenté par le capitaine général C. de P. et le capitaine Z. B. H.

Il passe par le cérémonial qu'a déjà subi M. Lautier, puis on rompt le pain fraternel, représenté par du gâteau. Mgr l'évêque de Césarée félicite et bénit les nouveaux chevaliers.

On ferme les portes de la chapelle et la soirée se termine par un punch. N'oublions pas que nous sommes entre soldats. Les solennités du début ne recommenceront que pour la sortie.

Il y a des gens qui riront peut-être de ces cérémonies. Je me permettrai de leur rappeler celles, encore plus compliquées, de la franc-maçonnerie.

J'aurai pourtant le courage de dire la vérité. Tous les derniers chevaliers sont absolument convaincus, tous moins un, le premier, le lieutenant général, le nommé Dominique Piccoli, qui ne se sert de la Milice de Jésus-Chrit que pour faire ses petites affaires.

Cela l'aide à placer du vin! On vit comme on peut.

XXX

Rosa Bonheur.

Une légende veut que toutes les œuvres de
Rosa Bonheur aillent en Amérique. Elle est jus-
tifiée par ce fait qu'on ne les voit ni dans les
Expositions, ni chez les marchands de tableaux ;
mais, comme beaucoup d'autres légendes, elle
est absolument démentie par l'histoire, et c'est
cette dernière que je vais établir *ne varietur*.

Oui, la plupart des tableaux de la grande
artiste sont maintenant achetés par l'Amérique,
mais ses petits tableaux seulement, ses toiles
de chevalet, je pourrais dire *de commerce*.

Rosa Bonheur est trop Française, trop recon-
naissante à la France, trop désireuse d'y per-
pétuer sa gloire pour laisser partir au delà des
mers ses œuvres importantes. Un étranger ne
les aurait pas, même en les couvrant de billets
de banque jusqu'à la saillie du cadre. Celles-

ci sont en France, toutes vendues à un admirateur enthousiaste qui a la générosité de n'en être pas jaloux. Il n'y a pas de galerie plus hospitalière que la sienne. Quiconque va à Nice et aime les arts n'a qu'à se présenter chez M. Gambart, un de nos consuls. Chez lui, trois cents toiles, toutes de prix, chantent à tous les visiteurs la gloire de l'école française.

C'est là que sont les cinq plus grandes œuvres de Rosa Bonheur, les cinq œuvres dont elle est particulièrement fière : trois tableaux, deux cartons. C'est là qu'elle-même va quelquefois les voir, heureuse d'être reçue comme une reine dans son domaine.

Une Famille de lions, tel est le titre du premier tableau. Sur une toile immense, un lion, sa lionne et trois lionceaux, grandeur nature, semblent réellement vivre.

Il ne s'agit pas ici d'animaux faits de chic. C'est dans l'admirable parc qui entoure sa demeure, le château de By, qu'ont habité ses modèles. Le tableau fini, elle a fait cadeau au Jardin des Plantes du père et de la mère, qui lui avaient coûté huit mille francs. Les lionceaux sont encore chez elle en liberté. Il paraît même qu'ils raffolent de leur peintre.

Le deuxième tableau a pour titre : *un Cerf dans la forêt de Fontainebleau.* Pour donner

une idée des dimensions de cette toile, il
me suffira de dire qu'ici, également, l'animal
est grandeur nature. Au premier plan d'un paysage superbe, il se dresse, fier et majestueux.
Lui aussi a longtemps vécu au château de By,
où il a, dans un coin, un hectare pour lui tout
seul.

Rosa Bonheur travaillait encore au tableau
que je viens de citer pendant la guerre.

Après l'armistice, le prince de Saxe, passant
par Fontainebleau, se rendit avec tout son état-
major au château de By et sollicita l'honneur
d'être reçu par la grande artiste.

En apprenant cette visite, Rosa Bonheur envoya vite sa bonne au-devant du prince et lui
fit dire qu'après les malheurs de la patrie il lui
serait vraiment trop douloureux de recevoir des
officiers allemands.

Le prince insista, déclarant qu'il la laissait
libre de se retirer, mais qu'il voulait toutefois
admirer les tableaux.

Rosa eut cette réponse si belle dans sa simplicité :

— Ils n'ont pas encore été vus par des yeux
français...

Le prince de Saxe, qui ne voulait pas être
venu pour rien, insista encore, demandant à

voir au moins les modèles. Ce fut la bonne qui le conduisit dans le parc, une sorte de jardin d'acclimatation comprenant plusieurs hectares. C'est là qu'il rencontra et caressa même, entre autres animaux, le modèle du tableau décrit plus haut...

Une Famille de sangliers, ainsi s'appelle la troisième toile qui, par ses dimensions, fait pendant au *Cerf dans la forêt de Fontainebleau.*

Ici s'ébattent, toujours grandeur nature, un sanglier, sa laie et ses marcassins.

Ces trois tableaux sont les plus grands qu'ait signés Rosa Bonheur.

Quant aux cartons, fort grands également, ils ont été faits sur place en Écosse. Ce sont deux dessins très poussés.

Sur le premier, des animaux passent un lac dans les montagnes.

Le second est intitulé : *une Bousculade au marché de Falkirk.* Ici, les troupeaux se pressent, se démènent. La bousculade est des plus animées.

Il est vraiment regrettable que l'éminente artiste n'ait pas envoyé de telles œuvres aux Expositions dont ils eussent été l'honneur. Il y a des partis pris contre lesquels on ne saurait

lutter. Rosa Bonheur dit qu'elle a dépassé l'âge
du Salon. Comme l'oiseau qui ne chante que
pour lui et pour sa nichée, elle ne veut plus travailler que pour elle et des admirateurs assurés.
Il est au moins consolant de penser que l'acqué-
reur de ces œuvres si importantes n'a pas, lui,
de plus grande joie que de les montrer à ceux
qu'il croit dignes de les apprécier.

XXXI

Un déjeuner chez M. Clovis Hugues

Une cause absolument étrangère au drame dont Mme Hugues fut l'héroïne en plein Palais de justice m'amenait, un matin de 1885, chez le dé-puté de Marseille. Midi sonnait. M. Clovis Hugues était à table. Il déjeunait en compagnie de ses deux délicieuses filles, Marianne et Mireille, et de ses beaux-parents, M. et Mme Royannez.

Dès l'entrée, son visage m'a absolument stupéfié, et si vivement que ce mot est aussitôt venu sur mes lèvres :

— Vous n'êtes pas malade?

— Malade? Non. Mais fatigué, brisé. C'est la réaction qui se produit.

Il était pâle, défait. Il y avait sur son assiette une côtelette entamée.

— Finissez donc de manger...

19

Il se leva et m'entraîna dans le salon. Il ne voulait pas causer devant les enfants.

— Il paraît que vous retournez à la Chambre?

— Oui, et je dois dire que tous mes collègues, ceux de la droite comme ceux de la gauche, se sont montrés bien bons pour moi. En vérité, je crois que s'il se pouvait que le jury fût composé de tous les députés, il n'y aurait pas une voix contre ma femme.

Je demandai des nouvelles de Mme Hugues, alors en prison préventive.

— Ah! c'est elle qui m'inquiète. Je suis autorisé à la voir maintenant. Quand c'est moi qui vais à Saint-Lazare, elle fait encore la brave. Elle se contraint pour me donner du courage et pour me consoler de la savoir là. Mais elle n'est pas du tout la même avec ses parents. Hier, elle s'est jetée en pleurant dans les bras de sa mère... Vous comprenez que c'est trop long aussi...

Quand a eu lieu le drame du Palais de Justice, Clovis Hugues se proposait de déposer une interpellation sur le bureau de la Chambre.

— Nous pouvons causer de cela en famille, lui dis-je en me levant. Venez donc achever de déjeuner.

Il fit enlever sa côtelette. On apporta du ma-

caroni. Les petites mangèrent tranquillement.
Il ne s'aperçut même pas que sa belle-mère
l'avait servi.

— Vous comprenez, dit-il, que je ne veuille
pas avant la fin du procès monter à la tribune.
La question pourtant était urgente. J'avais reçu
de nombreuses plaintes relatives aux sévérités
que, dans certain corps, on exerce contre les
réservistes. J'avais recueilli des notes et coupé
dans les journaux tout ce qui a trait à leur
sort. Je voulais prier le général Campenon de
nous renseigner à ce sujet et de rassurer les familles en démentant publiquement les articles
que j'aurais lus à la tribune. Il le fera proba-
blement avant que je puisse décemment lui po-
ser cette question.

Puis nous causâmes de ce qui m'avait amené.

Il continuait à ne pas manger. On servit le
dessert auquel il ne toucha pas. Les petites le
regardaient avec mélancolie, comme si elles
étaient tristes d'être depuis quelque temps
habituées à le voir ainsi. Parfois il portait un
morceau à sa bouche et le remettait noncha-
lemment sur son assiette.

Je me levai pour me retirer; il me prit à part,
désirant me demander ce qu'on pensait autour
de moi de l'énergie heureusement peu commune de sa femme.

Il y avait une grande anxiété dans sa voix.

Il me pria de remercier en son nom ceux de mes amis qui se sont montrés sympathiques à la cause de sa femme.

La petite Mireille, sans doute fort inquiète, vint nous rejoindre. Ses grands yeux cherchaient à savoir ce qu'il y avait entre son papa et moi. Pour la dérouter, je lui dis :

— Et la poupée va bien, ma chérie?
— Non, j'ai cassé sa tête!...

Alors elle pencha la sienne, comme écrasée sous tous les malheurs qui emplissaient la maison.

Et Clovis, qui avait peur d'attrister sa fillette, — dont la mort d'une poupée gonflait, torturait le petit cœur aussi cruellement qu'eût pu le faire la vérité!...

Aujourd'hui Mireille a une autre poupée. Maman est rentrée à la maison, où elle partage son temps entre la famille et la sculpture. Papa, toujours député, est à la fois poète, romancier, journaliste et peintre. Ah, on ne s'ennuie pas chez Clovis Hugues!...

XXXII

Pèlerinage positiviste

Les cent cinquante personnes qui, ayant des rubans verts à la boutonnière, marchaient ensemble, le dimanche 13 juin 1886, dans Paris, s'arrêtant ici devant un monument, là devant une maison, parlant tantôt en anglais, tantôt en français, n'ont pas manqué, on le conçoit, d'étonner singulièrement les passants.

C'étaient des positivistes, des disciples de feu Auguste Comte, des fidèles de la religion scientifique.

Trente positivistes anglais, sous la conduite de M. Frédéric Harrison, avaient organisé à cette date un *pèlerinage*, — c'est leur mot, — au berceau d'Auguste Comte.

Naturellement ceux de nos compatriotes qui partagent les doctrines du précurseur de Littré s'étaient concertés pour recevoir dignement leurs amis d'outre-Manche.

Dès le matin, ils se rendaient au premier étage du nº 10 de la rue Monsieur-le-Prince, domicile d'Auguste Comte que ses exécuteurs testamentaires ont laissé tel qu'il était le jour de la mort du philosophe.

Cet appartement, dont le loyer est de 2,500 fr., n'a rien de luxueux.

Un admirable buste du défunt par Étex, quelques tableaux, une bibliothèque importante et de nombreuses chaises en sont les seuls ornements. On me fait remarquer parmi les tableaux le portrait d'une très jolie femme, Mme Clotilde de Vaux, dont il sera parlé plus loin. Peu à peu les salons s'emplissent.

Chaque initié français porte à la boutonnière une cocarde tricolore se détachant sur un large ruban vert, où est écrite en or la devise du positivisme : *Ordre et Progrès*. Les Anglais se contenteront d'un simple ruban vert.

Voici M. Pierre Laffitte, le successeur militant d'Auguste Comte ; le docteur Robinet, l'un des exécuteurs testamentaires de celui-ci ; M. Gabriel Robinet, conseiller municipal ; l'ouvrier Isidore Finance, le grand défenseur du prolétariat ; M. Corra ; les professeurs Jeannolle, Monier, etc.

L'un de ces messieurs m'initie à la doctrine du lieu. On sait que le positivisme rejette toute

conception métaphysique, tout ce qui est sur-
naturel, et ne reconnaît que les faits matériels
et palpables.

— Il n'y a pas, me dit mon interlocuteur, de
gens plus incrédules que nous, mais il n'y en a
pas de plus croyants quand les choses nous
sont prouvées. Nous nions aujourd'hui, mais
nous affirmerons demain, si la science parle.
Nos doctrines sont modifiées par chaque nouvelle découverte.

Pour Auguste Comte, l'ère chrétienne a pris
fin en 89. Avec la Révolution a commencé une
nouvelle ère d'affranchissement. Aussi, date-t-il
de 89 son calendrier, — calendrier bizarre où
les noms des mois sont remplacés par ceux des
grands *types :* Moïse, Aristote, Shakespeare, etc.

Ainsi, une affiche collée dans le bureau, le
6 décembre 1877, porte cette date : 4, Bichat, 89.
Le 13 juin 1886 s'appelait le « 26, saint
Paul 98 ».

Saint Paul est très vénéré par les positivistes,
qui le considèrent comme le véritable fondateur
du christianisme.

Vers dix heures les trente Anglais arrivent.
On les introduit dans le salon principal où
M. Pierre Laffitte leur souhaite la bienvenue et
leur communique les lettres de ceux qui ont été

empêchés de venir. L'une d'elles fait tomber les larmes des yeux de M. Harrison. Elle est d'un proscrit de 1871, à qui il a donné l'hospitalité en Angleterre.

Il est temps de dire qu'à Londres M. Frédéric Harrison, l'un des principaux leaders du *Times*, est le grand prêtre du positivisme. En France, ce sont surtout des savants et des pauvres qui professent les idées d'Auguste Comte. A Londres, les positivistes, qui se donnent rendez-vous à Newton-Hall, sont très fortunés. Plusieurs d'entre eux, M. Chamberlain, par exemple, ont été ministres. Positiviste également, M. John Morley, secrétaire général de l'Irlande.

En termes très émus, M. Harrison, nommé président de la séance, répond à M. Laffitte. Il s'excuse de ne pas pouvoir assez bien s'exprimer en français et, après s'être félicité d'être dans le berceau d'Auguste Comte, dans le centre de la civilisation, demande à parler à ses compatriotes en leur langue maternelle.

Il explique la doctrine collectiviste et le but du pèlerinage.

Après son discours qui, sténographié, a été immédiatement télégraphié à Londres, on visite dans ses détails la maison du philosophe. Puis on fait dans Paris le trajet qu'Auguste Comte aimait à faire.

On visite l'église Saint-Paul où il allait, chaque mercredi, rendre hommage au grand civilisateur; l'emplacement de l'ancienne Bastille, d'où a surgi la République. On se dirige vers la rue Payenne, où l'on s'arrête devant le n° 5.

C'est là qu'habitait celle dont on voit le beau portrait chez « le maître vénéré », Mme Clotilde de Vaux, une admiratrice enthousiaste du philosophe, son inspiratrice, sa Muse.

Mme de Vaux avait alors trente ans au plus. Elle vivait séparée de son mari, et avait pour cela de bonnes raisons; il était en prison pour faits graves. Auguste Comte avait cinquante-deux ans ; ce fut elle qui mourut la première... Il faut attribuer à cette mort la transformation qui se fit soudain dans l'esprit du maître et, par conséquent, dans sa doctrine. Avant de connaître Mme de Vaux, il ne s'occupait que de philosophie, de socialisme. Elle lui avait donné le conseil de fonder la *religion de l'humanité* dont la devise est : « Vivre pour autrui. » Comte tomba dans le mysticisme, se fit pape, célébra un culte, maria, etc. Il en arriva même à rêver — avant le docteur Girard, le grand prêtre méconnu de la génération — la Vierge-mère, c'est-à-dire la femme concevant dans la chasteté.

Ses disciples ont écarté toute cette dernière partie de sa doctrine.

Après l'hommage rendu à l'amie du philosophe-poète, on s'est dirigé vers le Père-Lachaise où les cent cinquante personnes ont visité les tombes d'Auguste Comte, de Mme de Vaux, puis celles des grands *types* de l'humanité : Monge, Gall, Bichat, Fourrier de Blainville, Sophie Germain, une autre élève du maître, une mathématicienne distinguée, etc. Autant de stations, autant de discours.

Il y a peut-être des lecteurs qui riront de ce pèlerinage mystico-scientifique. Je dois reconnaître que les assistants attentifs n'ont pas même eu l'idée de se moquer. Toute conviction profonde a sa puissance attractive.

Le soir, un banquet, suivi d'un punch, a de nouveau réuni les manifestants. Ils se sont séparés au double cri de : « Vive la France! Vive l'Angleterre! » qui, malgré le petit nombre des convives, a eu son écho à Londres.

XXXIII

La Bibliothèque des Aveugles

Les deux mots qui composent ce titre semblent jurer ensemble. Il n'en est pourtant pas qui pourraient former un accord plus parfait.

On sait que les aveugles lisent couramment, avec leurs doigts, des caractères en relief, qui sont composés d'après un alphabet particulier, chef-d'œuvre de simplicité. Jadis ils n'avaient guère que la Bible, qui leur était donnée gratuitement par une Société protestante anglaise. La transcription de noir en relief coûte, en effet, assez cher. Les aveugles fortunés seraient seuls à même de faire ainsi transcrire les principaux ouvrages qui sont la gloire de notre langue.

Qu'a fait l'homme qui a de bonnes raisons pour aimer les aveugles puisqu'il est aveugle lui-même, M. Maurice de La Sizeranne? Il a gagné à la cause de ses frères en cécité un certain nombre d'hommes et de femmes du monde, le baron de Vatry, le comte et la comtesse de Raigecourt, la comtesse de Goyon, Mlle de Raynal, la comtesse de Retz, la baronne de Séréville, etc.

Il leur a appris la transcription du noir en relief. Depuis janvier 1886, ces dames et ces messieurs, avec un dévouement dont on ne saurait trop les louer, font des livres pour aveugles.

Ces ouvrages, dès qu'ils sont terminés et reliés, sont déposés dans la bibliothèque fondée à cette date par M. de La Sizeranne qui, trop modeste, lui a donné le nom de l'inventeur des caractères en relief, Louis Braille.

La bibliothèque Braille, située boulevard des Invalides, en face l'église Saint-François-Xavier, est gratuite et circulante. Nos trente-trois mille aveugles peuvent y venir chercher tous les volumes dus au travail des personnes citées plus haut.

Mais on comprend que les ouvrages en relief ne peuvent point, comme nos livres ordinaires, être tirés à de nombreux exemplaires. Chacun d'eux forme pour ainsi dire une édition spéciale.

M. de La Sizeranne gouverne en personne l'établissement dont il a lieu d'être fier. On le trouve chaque jour dans le cabinet de travail qui est attenant à la bibliothèque, un très curieux cabinet dont presque tous les objets sont l'ouvrage de ceux à qui la maison est destinée. C'est un aveugle qui a tressé le paillasson qu'on trouve devant la porte. Un deuxième a réparé la pendule. Un troisième a tourné dans les ateliers d'aveugles les flambeaux, les vide-poches, etc.

Des flambeaux chez un aveugle. Quelle ironie! Mais il faut bien penser aux visiteurs voyants.

Il est intéressant de connaître les ouvrages qui plaisent le mieux aux lecteurs des volumes en relief. On me cite George Sand, dont la *Petite Fadette* et la *Mare au Diable* sont très demandées; M. Maxime du Camp, dont le *Manteau déchiré* est toujours dans les mains de quelqu'un. Le poète favori des aveugles s'appelle François Coppée. Il sait si simplement décrire les misères des petits!

Le large bureau de M. de La Sizeranne est écrasé sous un amoncellement de papiers et de livres en relief. Il y a là de tout, des dossiers, des chemises, des enveloppes de percaline regorgeant de notes toujours prises à l'aide de points piquant le papier. Pur volapük pour ceux qui ne sont pas initiés. C'est un plaisir de voir M. de La Sizeranne, qui ne connaît pas la lumière, se mouvoir dans son cabinet, chercher sur son bureau ou dans des casiers un nom, des dates, un renseignement quelconque, avec une rapidité incroyable. Il passe la main dans des paquets de chemises bourrées de notes, tire prestement à lui celle qui lui est nécessaire. Il l'a reconnue en promenant les doigts sur les points.

Il dirige depuis de longues années deux revues importantes, qui vont dans le monde entier : *le Valentin Haüy* qui, imprimé en caractères ordinaires, donne aux voyants des nouvelles des aveugles ; *le Louis Braille,* destiné aux non-voyants et imprimé conséquemment en relief.

Mais c'est surtout à sa bibliothèque que M. de La Sizeranne consacre maintenant tous ses soins. Il est fier de pouvoir mettre à la disposition de ses frères les chefs-d'œuvre de notre littérature, — Bossuet et la Bruyère, Victor Hugo et de Vigny, — un millier d'ouvrages en tout.

Il est vrai que chacun s'est empressé d'offrir son concours à l'ami des aveugles. Le papier de ces volumes qui occupe une place considérable, à cause du relief de l'écriture, est fourni gracieusement par MM. Montgolfier, Blanchet, de Rive, Vieilhomme, de Domaine. Les ouvrages sont reliés gratuitement par les petits infirmes de la maison des Frères de Saint-Jean-de-Dieu.

Rien n'est plus intéressant que de voir, le

mardi, jour où l'on communique les livres, les aveugles de tout âge et de toute profession chercher dans la bibliothèque un peu de pâture Braille intellectuelle. Celui-ci désire se récréer, celui-là compléter son éducation, très bien commencée dans les écoles spéciales.

Cette bibliothèque était nécessaire. Elle restera. Elle immortalisera le nom de Maurice de La Sizeranne.

Mais il n'y a pas que les aveugles qui s'intéressent aux aveugles.

Quel est le voyant qui n'aurait pour eux une sympathie attristée? A qui ne semblerait-elle pas horriblement cruelle, la destinée qui prive du principal sens de pauvres êtres qu'elle jette dans un monde où tout est spectacle?

A dire vrai, leur infortune a touché un grand nombre de bienfaiteurs, qui, ayant le bonheur d'avoir d'excellents yeux, ont créé, pour ceux qui n'en ont pas, des écoles, des ateliers, des alphabets spéciaux.

Ainsi, une brave personne, Mlle Mulot, malgré ce qui a été fait, a trouvé qu'il restait encore à faire. Une chose la désespérait.

Oui, les aveugles savent lire et écrire, mais les caractères Braille, qui sont à leur usage, sont incompris des voyants. Les aveugles peuvent communiquer entre eux; ils sont condamnés à vivre en dehors de leur famille même. Mlle Mulot s'est courageusement mise à la tâche et a cherché le moyen de les tirer de leur isolement en leur permettant d'écrire et de lire nos caractères, de correspondre avec nous.

Le petit appareil qu'elle a imaginé est des plus simples. Imaginez un portefeuille qui, ouvert, a la dimension d'une feuille de papier à lettre ordinaire.

A l'intérieur, ce portefeuille est muni d'une grille sous laquelle on met le papier et qui est percée de petits carrés à jour.

Sous le papier est un carton qui a la faculté de colorer en bleu le relief qu'on lui livre.

Pour produire ce relief, le voyant ou l'aveugle prend un clou qu'il promène, en appuyant légèrement, dans le premier petit carré à droite. Supposons qu'il y creuse à l'envers un *L* majuscule. Immédiatement cette lettre, grâce à la pression faite, ressort de l'autre côté du papier et, entrant dans le carton, y est teinte en bleu.

Dans la deuxième case, on creusera, et toujours à l'envers, un *e* minuscule : dans la troisième un petit *s*. Voilà le mot *Les* parfaitement écrit. Pour séparer ce mot de celui qui le suivra, il n'y a qu'à ne pas se servir de la quatrième case. D'où un blanc. Dans la cinquième case, nous ferons un *c* et ainsi de suite, en allant toujours de droite à gauche, comme les Arabes.

La page pleine, on enlève et on retourne la feuille de papier. On a ainsi une petite lettre qui est à la fois écrite en bleu et en relief.

Le bleu permet au voyant de la lire des yeux.

Grâce au relief, l'aveugle la lit à la main.

Par ce moyen, les voyants et les aveugles peuvent donc correspondre entre eux ; l'aveugle n'est plus isolé ; il participe de plus près à la vie de famille, même à la vie scolaire.

Une des élèves de Mlle Mulot, Mlle Plessy, de Taingy (Yonne), est parvenue, grâce à ce système, à faire des compositions et à concourir, aussi bien que ses camarades les voyantes, au brevet élémentaire. Elle a même brillamment obtenu ce dernier.

Mlle Mulot réside à Angers, où elle a fondé une école préparatoire pour les jeunes aveugles. Elle m'a charmé par sa simplicité.

— Je me sers de cet appareil, m'a-t-elle dit, parce que c'est celui que j'ai trouvé, mais si on en découvre un meilleur, je suis prête à l'adopter.

Mlle Mulot a eu le bonheur de faire apprécier son invention par le comte de Maillé et par la plupart des représentants de Maine-et-Loire.

Le Conseil général de ce département a immédiatement créé des bourses qu'il décerne aux aveugles et à l'aide desquelles ceux-ci peuvent entrer à l'école d'Angers.

Il serait vraiment à désirer que tous nos départements, en créant des bourses semblables, permissent aux aveugles d'être élevés selon le système de l'école Mulot. Le petit portefeuille que j'ai essayé de décrire n'a l'air de rien. Il ouvre aux aveugles le monde ambiant; il les met à même de prendre part aux classes ordinaires. Il en fait presque des voyants. Il y a vraiment là un grand progrès conquis.

XXXIV

M. Alglave

On n'a jamais su pourquoi, de tous les vi-
cieux, les ivrognes sont notoirement les plus fa-
vorisés.

D'abord, il est patent qu'il y a un Dieu pour
eux. A chaque époque, il s'est trouvé un poète
pour les chanter. Dès que, sur le trottoir, il y a
un ivrogne qui titube, il passe un bon garçon
qui lui offre le bras.

Enfin, c'est maintenant l'Association scientifique de France qui patronne les alcooliques.
Elle veut absolument qu'on ne les grise qu'avec
de l'excellent cognac. Heureux ivrognes! Don
Juan va protester et demander qu'on ne laisse
plus sortir que les jolies femmes.

Par bonheur, le porte-parole de l'Association française pour l'avancement des sciences,
M. Émile Alglave, est plus qu'un humanitaire,

plus qu'un savant, c'est un homme d'esprit. Il m'a fait passer, le 29 janvier 1887, à la Sorbonne, une excellente soirée.

La composition même de la vaste salle démontrait à quel point on s'intéresse aux ivrognes; elle était comble.

Mais que faisaient donc ce soir-là mes amies les antivivisectionnistes? Faut-il croire que le succès qu'elles ont remporté trois semaines auparavant en faisant interdire par un gouvernement démocratique les représentations populaires des toreros landais et provençaux leur a suffi? M. Alglave avait annoncé qu'il se livrerait à certaines expériences sur des animaux, qu'il les griserait, qu'il les rendrait inertes, qu'il leur donnerait le *delirium tremens*. Et j'ai vainement cherché sur les bancs de l'amphithéâtre les aimables manifestantes de l'Hippodrome. La désillusion a été cruelle.

Ce qui ne plaît pas à M. Alglave, c'est que, sur les 1,872,000 hectolitres d'alcool que l'on consomme annuellement en France, il y en a à peine 25,000 de vin. Les autres sont extraits du riz, de la betterave, du maïs, de la mélasse. Or, chacun sait que si l'alcool de vin est exquis, il n'en est pas de même de celui qu'on tire des autres substances.

Le conférencier communique à l'assemblée,

sur l'abus de l'alcool, une statistique effrayante.

En Suisse, sur cent fous, il y a quarante alcooliques.

Chez nous, la moitié des crimes sont commis par des ivrognes. Que dites-vous de cela, messieurs les chansonniers bachiques? De même, la plupart des jeunes détenus sont fils d'alcooliques.

Mais M. Alglave est un sceptique. Il signale le mal et critique les remèdes employés jusqu'à ce jour. Il sait bien que, dans certains pays, en Hollande surtout, on a essayé de diminuer le nombre des cabarets. L'effet produit a été contraire aux prévisions. Quand il y a moins de cabarets, il y a encore plus d'ivrognes. On se grise en famille!

M. Alglave n'est pas non plus pour les sociétés de tempérance. Son argumentation même est très juste. Ce ne sont naturellement pas les ivrognes qui entrent dans les sociétés de tempérance. Alors à quoi servent-elles?

Que veut donc l'éminent professeur scientifique à la Faculté de droit de Paris. En sa qualité de légiste, il demande des lois qui contraignent les fabricants à ne nous livrer que de l'alcool de vin.

Vient l'heure des expériences. Il faut reconnaître qu'il n'y a rien de plus convaincant que la façon dont M. Alglave démontre la différence qu'il y a entre l'alcool de vin et les mauvais alcools. Il prend deux cochons d'Inde nés le même jour et également forts. A chacun d'eux il fait donner même dose d'alcool.

« Voyez, messieurs, celui qui a pris de l'alcool de vin n'est certes pas dans son état naturel. Il est ivre, mais hilare. Il ne titube même pas. Il ne demande qu'à se promener. Un peu plus, il chanterait. Voyez l'autre. Il a pris de l'alcool vulgaire. »

Et il saisit la pauvre bête par un pied. Elle est inerte, ivre-morte. Il assure pourtant qu'elle en reviendra, mais on ne le dirait guère. Il la secoue. Il la laisse retomber sur la table. C'est visiblement un cadavre.

Et pas la moindre protestation ? Toutefois, le professeur n'est pas tranquille. Il redoute Mme Huot.

« Mesdames, dit-il, j'ai d'autres expériences, plus pénibles encore, à faire sur des chiens. Mais comme il se pourrait qu'elles choquassent quelques personnes, je ne les ferai qu'après ma conférence. Celles d'entre vous qui croient que ces expériences les impressionneraient seront donc libres de ne pas y assister. »

Aucune ne se retire. On n'ignore point que les femmes, quand elles ne ressemblent pas à

Mmes Huot et Guyonnet, sont absolument cruelles. Mmes Guyonnet et Huot le seraient peut-être d'ailleurs si on expérimentait sur des hommes. Le professeur continue tranquillement son cours, développant, à l'aide de renseignements nouveaux, les théories mises en pratique par M. Girard, directeur du laboratoire municipal de Paris. Il est très écouté et fréquemment applaudi, surtout quand il demande que l'État patronne l'alcool de vin et mette sur les bouteilles en vente « son poinçon, comme sur l'or ». Il suffirait pour cela de placer sur les bouchons, comme on fait sur les bougies, une bande de papier cacheté. Dans les cafés, on se servirait de bouteilles pouvant se vider et non être remplies. Il montre un spécimen de celles-ci.

L'expérience finale a été non moins convaincante que terrible.

M. Alglave prend un demi-centimètre cube de bon alcool et le fait administrer à un chien de taille moyenne. L'animal reste très actif, mais est visiblement gris. Il ne se tient plus sur ses jambes. L'œil est hagard.

La même dose de mauvais alcool est donnée à un autre chien de même taille. L'animal tombe en épilepsie, les quatre pieds en l'air. Il s'agite. Il bave horriblement. Il n'aboie pas, mais *soupire*. Tout à coup, il se relève sur ses jambes, veut bondir et mordre. Il est en pleine folie furieuse.

L'expérience a vivement impressionné le public, qui pourtant n'a pas protesté. Il comprend que la science a ses droits.

La thèse de M. Émile Alglave mériterait de triompher. Toutefois, l'éminent professeur a le tort de compter pour la réussite sur la sagesse de nos législateurs.

Nous sommes menacés de boire longtemps encore de bien mauvais alcool.

XXXV

Savorgnan de Brazza

Henri Rochefort est père de trois enfants dont l'aîné, qui porte son prénom, a le goût des explorations.

Henri Rochefort fils, qui a aujourd'hui vingt-sept ans, a demandé, à l'âge de dix-neuf ans, la permission de faire son service militaire en Algérie. Là, on n'a qu'une année à passer sous les drapeaux, à la seule condition de rester dans le pays en qualité de colon.

Son année finie, autre demande, celle de faire partie de la mission Brazza. On accéda à son désir. Il s'embarqua au commencement de 1883. Ah! c'est une histoire assez triste que celle qui va suivre.

M. Savorgnan de Brazza se mit en route avec quarante hommes. Combien y en avait-il auprès de lui à la fin de l'année? Dix. Deux étaient morts. Les autres s'étaient égrenés ici ou là, exténués, malades, enfiévrés, impotents.

Dès son arrivée au Congo, Henri attrapa les fièvres. Depuis, elles ne l'ont guère quitté. A peine pouvait-il se tenir debout trois jours par semaine.

Brazza l'avait fait chef de la station de Loango. Il lui avait donné pour armée dix-sept *laptots*. C'est ainsi que l'on nomme là-bas les tirailleurs sénégalais. Au début, tout marcha assez gentiment, mais bientôt les Portugais, qui n'aiment pas à être dérangés, excitèrent les nègres contre la mission. Celle-ci eut à soutenir un terrible combat, où force lui resta, mais où elle perdit cinq *laptots*.

On ne sait peut-être pas que Rochefort fils ressemble absolument à son père. C'est un fougueux.

Un jour, il apprit que, non loin de sa station, on allait faire mourir sur le tombeau d'un chef ses trente femmes et presque autant de serviteurs.

Au Malabar, la chose s'effectue dans les flammes. Au Congo, on empoisonne à l'aide d'une essence d'un effet infaillible.

Vite Henri réunit les douze *laptots* qui lui restaient. Avec eux, il se rendit à l'endroit du sacrifice. Deux mille nègres piaillaient autour des femmes et des serviteurs.

— En avant ...arche !

Les *laptots*, baïonnette en avant, chargent la foule. Les nègres qui ne comprennent rien à la chose s'éclipsent. Le plus étrange est que les femmes étaient absolument furieuses. Il n'y a pas même eu moyen de les consoler. Oh ! mais, là, pas du tout.

Pauvres *laptots !* C'est absolument le contraire de cela qu'ils rêvaient pour leur récompense...

Et les voilà revenus à leur station. A ce moment-là encore, ça marchait assez bien. Ils avaient au moins de quoi manger.

Mais la vérité est que Brazza est parti sans argent. Quant à lui, personnellement, il se moque des événements.

En France, où j'ai eu l'honneur de le voir chez mon aimable confrère, Mme Gagneur, femme du député du Jura, il vit comme tout le monde, appréciant les bons plats et les vins fins, mais il paraît qu'une fois en expédition c'est un sauvage. Il n'éprouve pas le besoin de manger. Il ne boit pas. Il est tout à son esprit de conquêtes.

Les nègres se refusent à donner même des bananes ? Eh bien ! tant pis. On serrera d'un cran sa ceinture. Cela ne pouvait contenter des jeunes gens qui passaient la vie à marcher où à se battre.

Une fois, sur le Quillou, une autre fois sur l'Ogooué, on fit naufrage. Peu importait à Brazza. Mais les autres, dès que leurs habits étaient secs, demandaient à manger. Et rien, rien.

C'est ainsi qu'on vécut six mois au Congo, au Gabon.

Quand on traversait une ville, Henri écrivait ces misères à son père. Rochefort répondait : « Voici ma signature. Prends tout l'argent que tu voudras dans nos comptoirs. »

Mais il fallait d'abord recevoir la réponse, — ensuite rencontrer un comptoir.

Et le pauvre garçon, toujours en proie aux fièvres, continuait à suivre Brazza sous un soleil torride. Là-bas les fièvres ont pour première conséquence de rendre anémique. La peau devient molle, les jambes se pèlent, les pieds se déchirent.

A la fin Henri, subissant tous ces effets, succomba. Le médecin de la légion dit :

— Il faut retourner en France.

A la première ville, Henri montra à un banquier portugais la lettre de son père. Ce banquier lui donna mille francs grâce auxquels il s'embarqua sur un vaisseau anglais.

Il est revenu à Paris dans la soirée du jeudi

6 décembre 1883. On ne saurait imaginer en quel état.

Il avait l'air de ces malheureux qu'on voit, pâles, hâves, dans les hôpitaux. Rochefort a pleuré en l'embrassant. Le pauvre enfant n'avait plus de cheveux...

Le lendemain, vers six heures du soir, j'arrivais chez Rochefort, juste au moment où allait se passer une scène délicieuse, celle que j'ai annoncée.

La bonne entra :

— Monsieur, dit-elle, c'est M. Octave.

Octave, c'est l'autre fils de Rochefort, un ancien élève de l'École centrale que ses condisciples appelaient Map-Map, parce que, quand il fredonne un air, au lieu de faire *tra la la*, il fait *map, map, map*.

— Oh! s'écrie Rochefort, ne lui dites pas qu'Henri est ici. Faites-le entrer dans la salle à manger. Dans une minute vous m'annoncerez un monsieur.

Aussitôt Henri comprend. Il redresse son col. Il rabat son chapeau sur ses yeux.

Rochefort et moi, nous allons rejoindre Octave dans la salle à manger.

Au bout de quelques secondes, la bonne revient :

— Monsieur, dit-elle, c'est un monsieur.

— Qui ça, un monsieur?

— Je ne sais pas.

— Eh bien! faites entrer.

Henri entre, ayant toujours le chapeau sur les yeux.

— Qu'est-ce que vous désirez? demanda Rochefort.

L'autre essaye de contrefaire sa voix.

— Je voudrais vous parler de la manifestation d'aujourd'hui.

— Oh! Henri! s'écrie tout de suite Octave.

Et voilà les deux frères qui se jettent dans les bras l'un de l'autre, pendant que Rochefort pleure et rit à la fois.

Ah! je vous jure qu'en ce moment le pamphlétaire était loin. Au diable soient les gens qui ont gâté l'humanité avec leur épouvantable politique!

TABLE DES MATIÈRES

		Pages.
I.	Séverine	1
II.	Les dessins d'Alfred de Musset	23
III.	Un dîner avec Mme Limouzin.	29
IV.	La cellule du Père Monsabré	45
V.	M. Émile Augier	51
VI.	La sœur de Campi.	57
VII.	Les fantaisies de Maxime Lisbonne.	61
VIII.	Jules Barbey d'Aurevilly	81
IX.	Un meurtrier..	89
X.	Madame Dieulafoy.	99
XI.	Verdi.	105
XII.	Matinée pauvre.	109
XIII.	Le docteur Castelnau.	115
XIV.	Le docteur Desprès..	123
XV.	Dans les Ruines.	131
XVI.	L'amiral Courbet.	141
XVII.	L'autopsie de Pranzini.	159
XVIII.	Les vieilles Lunes.	167
XIX.	Les Couveuses d'enfants.	173
XX.	Madame Huot	179
XXI.	Le Japon à Paris.	213
XXII.	Les Institutrices à table.	221

Pages.

XXIII.   Le commandant Poisson.   227

XXIV.   Émile Benassit.   241

XXV.   Anna Kingsford.   247

XXVI.   Ernest Gegout.   253

XXVII.   Le pasteur Christ.   259

XXVIII.   Gustave Roger.   263

XXIX.   Les Derniers chevaliers   275

XXX.   Rosa Bonheur.   283

XXXI.   Un Déjeuner chez M. Clovis Huges.   289

XXXII.   Pèlerinage positiviste.   293

XXXIII.   La Bibliothèque des Aveugles.   299

XXXIV.   M. Alglave.   307

XXXV.   Savorgnan de Brazza.   313

LIBRAIRIE MODERNE
MAISON QUANTIN, 7, RUE SAINT-BENOIT.

Collection grand in-18 jésus, à 3 fr. 50 le volume.

[Co]ntes modernes, 1 vol., par GASTON BERGERET.

[...]este Prudhomat, 1 vol., par GUSTAVE GUICHES.

[La] Brèche aux loups, 1 vol., par [Ad.] RACOT, ouvrage couronné par l'ACADÉMIE FRANÇAISE.

[La] Marie Bleue, 1 vol., par CH. DE BORDEU.

[M]am'zelle Vertu (nouvelle édition), 1 vol., par HENRI LAVEDAN.

[La] Grande Babylone, 1 vol., par EDGAR MONTEIL.

[La] Mal'aria, 1 vol., par HENRI ROCHEFORT.

[M]ademoiselle, 1 vol., par ÉDOUARD CADOL.

[R]ichard Wagner et le Drame contemporain, 1 vol., par ALFRED ERNST, introduction par L. DE FOURCAUD.

[...]lie, 1 vol., par HENRI LAVEDAN.

[L']ennemi, 1 vol., par GUSTAVE GUICHES.

[Pro]vinciale, 1 vol., par GASTON BERGERET.

[His]toires insolites, 1 vol., par [le] comte DE VILLIERS DE L'ISLE-[ADAM].

[La] Côte, 1 vol., par FRANTZ JOURDAIN.

Charles d'Arin, 1 vol., par Pi[erre] DE CHAMPEVILLE.

Mon Ami Hilarius, 1 vol., par PAUL LINDAU, préface par EMILE AUGIER, de l'Académie française.

Mes Petits Papiers, deuxième série, 1871-1873, 1 vol., par HECTOR PESSARD.

Le Maréchal de Moltke, 1 vol., par X***.

Maro Fane, 1 vol., par J.-H. ROSNY.

En secondes noces, 1 vol., par ALEXANDRE BOUTIQUE.

Les Corneilles, 1 vol., par J.-H. ROSNY.

Le Rosier de Madame Husson, 1 vol., par GUY DE MAUPASSANT.

Londres, croquis réalistes, 1 vol., par P. DEGRÉGNY.

La Tresse blonde, 1 vol., par GILBERT AUGUSTIN-THIERRY.

Sire, 1 vol., par HENRI LAVEDAN.

L'Armée russe et ses chefs en 1888, 1 vol., par l'auteur du *Maréchal de Moltke*.

Lamiel, roman inédit de STENDHAL, 1 vol., publié par CASIMIR STRYIENSKI.

Chants et Chansons, 1 vol., par PAUL AVENEL.

Mesdemoiselles de Barberic, 1 vol., par le marquis de CASTELLANE.

Volumes illustrés, format grand in-18 jésus. — Prix : 3 fr. 50

[Les Ga]ietés de l'Année (1re année), 1 vol., par GROSCLAUDE, avec [des] dessins de CARAN D'ACHE.

[Les Ga]ietés de l'Année (2e année), 1 vol., par GROSCLAUDE, avec [des]sins de CARAN D'ACHE.

[Les Ga]ietés de l'Année (3e année), 1 vol., par GROSCLAUDE, avec 80 dessins de JOB et BAC.

Le Frère lai, 1 vol., par HUGUES LE ROUX, dessins de [JULES GA]RNIER.

La Vie galante, 1 vol., par PO[N] VERNON, dessins de DRANER.